...es *weihnachtet* sehr!

Das große Hausbuch
mit vielen neuen Ideen
für die
schönste Zeit des Jahres

MOEWIG

Impressum

Herausgeberin: Karola Kimmerle
Texte
Geschenke, Dekorationen: Karola Kimmerle
Küche/Rezepte, Dekorationen:
Ulrike Teiwes-Verstappen
Gedichte, Lieder, Geschichten:
Dr. Reitter & Partner Verlag GmbH
Notenstich: Florian Noetzel Verlag, Heinrichshofen-Bücher, Wilhelmshaven. Notenbild und musikalischer Satz sind urheberrechtlich geschützt. Music und Engravings are Copyright protected.

Originalausgabe
© 1998 Verlagsunion Pabel Moewig KG, Rastatt
Umschlagentwurf und -gestaltung:
Robert Gigler, München
Gestaltung des Innenteils: Robert Gigler, Monika Pitterle
Printed in Spain
ISBN 3-8118-1450-8

Gedruckt auf alterungsbeständigem Papier mit chlorfrei gebleichtem Zellstoff.

Die Verwertung der Texte und Bilder, auch auszugsweise, ist ohne Zustimmung des Verlages urheberrechtswidrig und strafbar. Dies gilt auch für Vervielfältigungen, Übersetzungen, Mikroverfilmung und für die Verarbeitung mit elektronischen Systemen.
Die Ratschläge in diesem Buch wurden von Herausgeberin und Verlag sorgfältig erwogen und geprüft. Dennoch kann eine Garantie nicht übernommen werden. Eine Haftung der Herausgeberin bzw. des Verlags für Personen-, Sach- und Vermögensschäden ist ausgeschlossen.

Fotos und Ideen im Innenteil:

Amerikanische Erdnüsse/Dr. Muth PR (S. 86, 113, 137, 144)
Aurora/Ketchum PR (S. 57, 80, 192)
Blume PR (S. 92)
Brauns-Heitmann (S. 23, 36, 37, 94, 101, 181, 188, 197)
Brauns-Heitmann/Frauenzeitschrift Maxi (S. 47, 95)
CMA (S. 32, 33, 40, 41, 48, 49, 96, 128, 161, 185, 198, 200, 201)
Deka (S. 118, 119)
Dextro Energen (S. 73)
3 Glocken (S. 89)
Duni (S. 60, 61, 109, 125, 156, 164, 190)
Eberhard Faber (S. 30, 31, 45, 79, 103, 140, 141, 143)
Fuchs Gewürze/Food Professionals (S. 104, 105, 110, 111)
Andreas Gruß (S. 12, 13, 28, 29, 172, 174, 175, 182, 183)
IHR (S. 124, 148)
Infogemeinschaft Bananen/Ketchum PR (S. 159)
Knorr hobby (S. 15, 20, 53, 69, 84, 85, 100)
Koopmans/Food Professionals (S. 177)
Marabu (S. 62, 63, 70, 71)
Melitta (S. 72, 97, 152, 153, 169, 176)
MEZ (S. 38, 39, 77, 117, 127, 151, 167)
Mondamin (S. 16, 24, 25, 64, 65, 120, 121, 134, 135, 158, 168)
Nat. Sunflower Association/Ketchum PR (S. 87, 145)
Pattberg (S. 133)
Sherry/Dr. Muth PR (S. 199)
Soja-Öl/Dr. Muth PR (S. 54, 55, 81, 149)
Ulrike Teiwes-Verstappen (S. 102)
T + F (S. 22)
UHU (S. 44, 52, 76, 142)
Villeroy & Boch (S. 93)

Hintergrundfotos/Illustrationen: Susy Card

Inhaltsverzeichnis

Zauberhafte Dekorationen

Überall ein Glitzern und Leuchten 13
Klassisch in Grün und Rot 21
Mit Päckchen und Früchten 28
Weihnachtliche Fenster 36
Transparente Sterne 44
Gesteck mit Gießfiguren 45
Der Nikolaus kommt 52
Liebevoll mit Figuren 53
Adventliches Stilleben 60
Advent in Blau und Gold 61
Festlich geschmückt in Gold 68
Teelicht-Dekorationen 76
Schneemänner überall 77
Bärengruß für die Tür 84
Schmucke Türkränze 85
Festliche Glanzdosen 92
Magic Christmas 93
Niedliche Himmelsboten 100
Fröhliche Weihnachten … 101
Weihnachtliche Festtafel 108
Zauberhafte Tischsets 116
Weihnachtliches Patchwork 124
Weihnachtsfrühstück 125
Blaue Stunde 132
Weihnachtliche Gießformen 140
Barocker Engel 141
Duftkorb 148
Honigkuchen-Schloß 149
Festtisch mit Apfeldekoration 156
Der Weihnachtsbär ist da! 165
Sternstunden für den Tisch 173
Prächtig in Rot und Gold 180
Ein Hauch Nostalgie 189
Ein Festtagstraum 190
Kühle Harmonie in Blau und Silber 196

Ausgefallene Geschenkideen

In 24 Tagen ist Weihnachten … 14
Adventskalender mit Päckchen 14
Gemütliche Bescherung 22
Bärenstarker Adventskalender 23
Alles für die Puppenstube 30
Traumhafte Bänder 38
Rüschen und Spitzen 46
Geschenke für Genießer 54
Saucen für Pasta-Freunde 55
Hier darf gesprayt werden 62
Kasperle und Spielzeugkiste 63
Himmlische Träume 70
Extravagante Seidenkissen 71
Modellierte Kunstwerke 78
Schokoladentrüffel 86
Caramelfudge 87
Tisch und Kissen im Farbenrausch 94
Dekorative Flaschen 102
Schafskäse in Würzöl 110
Champignons provenzalische Art 111
Bonbon-Glas für Naschkatzen 118
Kleines Gedeck mit Tischset 119
Kissen wie aus 1001 Nacht 126
Ingwer-Rum-Hütchen 132
Espresso-Herzen 134
Baumkuchengebäck 135
Tannenbäume aus Stoff 142
Spieluhr zum Träumen 143
Sportbeutel für Kinder 150
Bananen-Pistazien-Kuchen 158
Bananen-Chutney 159
Gestickte Eisblumen 166
Schön eingewickelt 174
Wirkungsvoll verpackt 183

Leckeres aus der Küche

Bunter Plätzchenteller 16
Braune Kuchen 24
Madeleines 25
Schnitten und Brezeln 32
Butter- und Zitrusgebäck 33
Zitronenkränze 40
Zitronensterne 41

Inhaltsverzeichnis

Zimtsterne 48
Zimtplätzchen 49
Happen für Kenner 56
Quarkstollen 64
Großmutters Stollen 65
Schwedischer Teepunsch 72
Hagebuttenpunsch 73
Kokosnuß-Stollen 80
Gefüllter Honigkuchen 81
Kleine Strudel 88
Kipferl und Kränze 96
Pinien-Plätzchen 97
Zimtlikör 104
Würziger Zimt-Kaffee 105
Erdnuß-Ingwer-Cookies 112
Kokos-Orangen-Konfekt 120
Spitzbuben und Ingwerplätzchen 121
Weihnachtsapfeltorte 129
Weihnachtsring 136
Erdnuß-Snacks 144
Brownies 145
Porter-Cookies 152
Linzer Herzen 153
Haferflockenplätzchen 160
Nußhappen 160
Butterplätzchen 168
Brunsli 169
Kokos-Crisps 176
Weihnachtliches Dreierlei 177
Weihnachtsbäumchen 184
Sterntalertorte 193
Weihnachtsmenü:
Möhrenessenz mit Eierstich 198
Forellenfilets mit Sherry-Sahne 199
Rinderbraten mit Maronen 200
Apfelschneegestöber 201

Lieder, Gedichte und Geschichten

Advent, Advent 11
Bringt in Gang die Pyramide 18
Noch ist der Herbst nicht ganz entflohn 19
Es kommt ein Schiff geladen 26
Ein Winterabend 27
Leise rieselt der Schnee 34
Kinder, kommt und ratet 35
Kindergebete 42
Welch Geheimnis ist ein Kind 43
Laßt uns froh und munter sein 50
Der Traum 51
Kling, Glöckchen, klingelingeling 58
Es war einmal eine Glocke 59
Ich steh' an deiner Krippe hier 66
Erinnerung ans Christkind 67
Knecht Ruprecht 75
Kommet, ihr Hirten 82
Niklas ist ein braver Mann 83
Maria durch ein Dornwald ging 90
Es ist schon Feierabend gewest 91
Süßer die Glocken nie klingen 98
Christkind vor dem Berliner Schloß 99
Rätsel 106
Weihnacht in den Bergen 107
Vom Himmel hoch da komm ich her 114
Christkind im Walde 115
Es ist ein Ros' entsprungen 122
O schöne, herrliche Weihnachtszeit 123
Ihr Kinderlein kommet 130
Weihnachtsfreuden 131
Die Heilige Nacht 139
O Tannenbaum, o Tannenbaum 146
Vom Himmel in die tiefsten Klüfte 147
Alle Jahre wieder 154
Das Weihnachtsbäumlein 155
Am Weihnachtsbaum 162
Vor dem Christbaum 163
Ich träumte in der Weihnachtsnacht 170
Noch einmal ein Weihnachtsfest 171
O du fröhliche 178
Markt und Straßen steh'n verlassen 179
Stille Nacht, heilige Nacht 186
Denkt doch, was Einfalt ist! 187
Gebet eines kleinen Knaben an den Heiligen Christ 194
Die Weihnachtsgeschichte 195

Foto- und Ideennachweis S. 6
Vorwort S. 9
Register S. 203

Vorwort

Weihnachten – die schönste Zeit des Jahres steht vor der Tür. Alle sehen dem Fest der Liebe mit Freude entgegen. Bereits im Advent beginnen die Vorbereitungen. Dabei denken wir sowohl über die Geschenke für Freunde und Familienmitglieder als auch über das Ambiente zu Hause nach. Kerzen, Fensterbilder und Gestecke zeigen den Advent an.

Dieses Buch möchte Ihnen die Vorweihnachtszeit verschönern helfen. Schließlich soll sie nicht durch „Streß", sondern vielmehr durch freudiges Tun bestimmt sein. 24 Tage der Vorfreude und Geschäftigkeit erwarten Sie, 24 Kapitel voller Ideen begleiten Sie: Bastelideen, Stickereien für lange Abende, Dekorationsvorschläge und natürlich viele leckere Koch- und Backrezepte regen zum Nachmachen und Ausprobieren an. Jeder Tag wird begleitet von einem Lied, einer Geschichte oder einem mal heiteren, mal nachdenklichen schönen Gedicht zum gemeinsamen Musizieren oder zum Vorlesen. Denn gerade die Muse soll in diesen Tagen nicht zu kurz kommen. Die Lieder sind für die C-Sopranblockflöte eingerichtet und tragen die Akkordbezifferung für Gitarrengriffe und Akkordeon.

1. Dezember

Advent, Advent

Advent, Advent,
ein Lichtlein brennt.
Erst eins, dann zwei,
dann drei, dann vier,
dann steht das Christkind
vor der Tür.

Überall ein Glitzern und Leuchten

Bäumchen mit Goldrosetten

Eine wunderschöne Dekorationsidee und ein ausgefallenes Geschenk ist das Tannenbäumchen links. Für die Rosetten legen Sie etwa 10 cm breite Streifen Goldfolie in schmale Ziehharmonikastreifen. Ziehen Sie sie an einer Seite auseinander, und legen Sie eine Rosette. Die Schmalkanten mit Klebestreifen oder ganz wenig Alleskleber fixieren und mittig einen Kreis aus Goldfolie aufsetzen. Es ist wichtig, daß Sie den flüssigen Klebstoff sehr sparsam verwenden, da er den Goldbelag der Folie auflöst und unsaubere Flecken hinterläßt.

★ Die Rosetten mit Nadeln oder einem Stückchen Blumendraht im Baum befestigen. Sie können sie auch mit einem Faden festbinden. Auf der Spitze thront ein etwas größerer Stern.

Adventskranz im Glitzerlook

Wirkungsvoll ins rechte Licht rücken Sie Ihren Adventskranz mit glitzernden Bändern, Metallfäden und Kerzen.

★ Benutzen Sie einen fertigen Tannenkranz in der gewünschten Größe. Die vier Glitzerkerzen sitzen auf goldenen Haltern. Winden Sie Folienbänder in zwei verschiedenen Breiten lose um den Kranz. Goldenes Gitterband sowie hauchdünne Metallfäden in Gold, Silber und Kupfer legen Sie nacheinander ebenfalls locker zwischen den Kerzen um den Adventskranz. Die Spiralen entstehen, wenn Sie die Metallfäden zwischendurch um einen Bleistift wickeln. Abschließend können Sie noch ein paar irisierende Blüten in den Kranz stecken – aber sparsam, pro Segment höchsten drei.

1. Dezember

In 24 Tagen ist Weihnachten...

... allerhöchste Zeit also für einen Adventskalender. Kinder freuen sich am meisten über einen selbstgemachten.

★ Schnell gemacht und doch wirkungsvoll sind Geschenke-Ketten: Das Präsent wird mittig auf einen quadratischen Papierzuschnitt gelegt. Alle Seiten hochklappen und das Päckchen mit einem passenden Band zubinden. Je nach Form der Überraschungen fertigen Sie auch mal kleine Geschenke-Bonbons.

★ Hängen Sie Ihre Päckchen mit dem Bindeband an eine Kordel oder ein breites Lochband. Da auf Zahlen verzichtet wird, darf täglich von unten nach oben ein Päckchen abgeschnitten werden. Die bunten Bänder bleiben hängen.

★ Über solch einen Kalender freuen sich übrigens nicht nur kleine Kinder. Auch die Großen haben Spaß an einer täglich anderen Überraschung.

★ Es muß nicht immer Schokolade sein! Besorgen Sie doch einen Chip für eine Karussellfahrt auf dem Weihnachtsmarkt. Malen Sie Gutscheine für einen abendlichen Bummel über den Markt, für einen Kinobesuch. Oder verpacken Sie für jeden Tag etwas aus einem Bausatz – zum Beispiel für ein neues Lego-Auto –, und am 24. gibt es dann die Anleitung. Oder Buntstifte, Wachsmalkreiden, bunte Schnürsenkel, Kreisel – Ihrer Phantasie sind keine Grenzen gesetzt!

Adventskalender mit Päckchen

Material:

Rotes und weißes Moosgummi „Crea soft" (ca. 20 x 30 cm) sowie grünes, gelbes und rotes (je 10 x 20 cm), 20 m grüner Bast, Alleskleber, Wattebällchen oder -pompons in Weiß, 24 kleine Holzwäscheklammern, 2 Bildaufhänger, weicher Bleistift, wasserfester Faserschreiber

Das gesamte Zubehör inkl. Zeichnung gibt es auch als Bastelpackung von Knorr hobby.

So wird's gemacht:

★ Wer die Nikolausmütze und den Schriftzug nicht frei malen möchte, paust das Motiv von der Buchseite ab. Diese Zeichnung vergrößern Sie mittels Raster oder auf dem Fotokopiergerät. Das Original ist an der weißen Krempe etwa 25,5 cm breit und insgesamt 18 cm hoch.

★ Diese Vorlage wird nun wie folgt vorbereitet: Setzen Sie den Rand der roten Mütze mit einer gestrichelten Linie so fort, daß unterhalb der weißen Krempe ein etwa 3 cm breiter Kleberand entsteht. Mütze mit Kleberand und Krempe auf Papier übertragen und zuschneiden. Die Buchstaben ebenfalls einzeln aus Papier ausschneiden. Als Vorlage für die Herzen (ca. 2,5 cm hoch) und Sterne (ca. 3 cm breit) kann ein Ausstecher dienen.

★ Schneiden Sie den Bast in jeweils 12 Fäden von 65 cm, 60 cm und 40 cm Länge. Immer 6 Fäden gleicher Länge zu einem Strang zusammennehmen und flechten. Es wird immer mit 2 Fäden gefloch-

ten. Die Klammern wie folgt einarbeiten: Bei den 40 cm langen Strängen jeweils 10 cm flechten, dann 2 Bastfäden durch die Metallöse einer Klammer ziehen, 7 cm flechten und die zweite Klammer einarbeiten. Beide Stränge haben 3 Klammern. Der Abstand zwischen den Klammern beträgt immer 7 cm. Bei den 60 cm langen Strängen 12 cm flechten und 4 Klammern einarbeiten. Für die 65 cm langen Stränge flechten Sie 8 cm, bevor Sie die erste der 5 Klammern einarbeiten. Die Enden der geflochtenen Baststränge gut verknoten.

★ Die Schnittmuster vorsichtig mit Bleistift auf Moosgummi übertragen, dabei die Krempe einmal seitenrichtig, einmal seitenverkehrt übertragen. Sie benötigen Herz und Stern je 12mal. Die Teile nicht mit Stecknadeln fixieren, da diese Spuren hinterlassen.

★ Alle Motivteile zügig zuschneiden. Für die Klammervorderseiten insgesamt 24 Rechtecke in der entsprechenden Größe ausschneiden. Verwenden Sie Kleber immer sparsam, um Flecken zu vermeiden. Kleben Sie zunächst einen weißen Mützenrand auf die rote Mütze. Auf diesen Rand gleichmäßig verteilt die 6 geflochtenen Baststränge setzen, dann die zweite Krempe paßgenau auf der Rückseite gegenkleben. Nun können Sie die Schrift „Frohes Fest" und auf der späteren Rückseite zwei Bildaufhänger auf die Mütze anbringen.

★ Auf die Klammervorderseiten einen Moosgummistreifen setzen. Nachdem Sie Herzen und Sterne mit einem wasserfesten Faserschreiber von 1 bis 24 durchnummeriert haben, kleben Sie diese auf die Klammern. Abschließend wird ein weißes Wattebällchen oder ein Pompon auf die Zipfelmütze geklebt.

★ Sehr schön wirken Ihre Päckchen, wenn Sie sie in schlichtes Krepp- oder Seidenpapier einwickeln.

1. Dezember

Bunter Plätzchenteller

Für die Zimtbrezeln
250 g Mehl, 125 g Speisestärke, 2 Eier, 125 g Zucker, 1 TL Vanillezucker, 100 g gemahlene Mandeln, 4 TL Zimt, 125 g Butter/Margarine; Zucker und Zimt zum Wälzen

Für die Kokoshäufchen
65 g Butter/Margarine, 125 g Zucker, 1 TL Vanillezucker, 1 Ei, 65 g Speisestärke, 125 g Mehl, 1/2 TL Backpulver, 2 EL Milch, 125 g Kokosraspeln, 1 Btl. dunkle Kuchenglasur zum Verzieren

Für die Vanille-Dukaten
125 g Butter/Margarine, Mark von 2 Vanilleschoten, 100 g Zucker, 1 Ei, 75 g Speisestärke, 175 g Mehl, Eiweiß oder Dosenmilch, Hagelzucker

Für die Gewürzstangen
120 g Butter/Margarine, Mark von 1 Vanilleschote, 120 g Zucker, 1 Prise Salz, 2 Eier, 100 g Speisestärke, 150 g Mehl, 100 g gemahlene Haselnüsse, 1/2 TL Zimt, 1/2 TL Kardamom, 1 Messerspitze gemahlene Nelken; 1 Btl. dunkle Kuchenglasur zum Verzieren

Für die Walnuß-Ecken
150 g Mehl, 100 g Speisestärke, 2 Eigelbe, 65 g Zucker, 1 TL Vanillezucker, 125 g Butter/Margarine; für die Makronenmasse 150 g Walnußkerne, 2 Eiweiße, 100 g Zucker

So wird's gemacht:

Zimtbrezeln
★ Alle Zutaten zu einem Teig verkneten und kalt stellen. Den Teig zu 15 cm langen, bleistiftdicken Rollen formen. ★ Daraus die Brezeln legen und auf ein mit Backtrennpapier ausgelegtes Backblech geben. Im vorgeheizten Backofen bei 200–225 °C (Gas Stufe 3–4) 10–12 Minuten backen. ★ Die noch heißen Brezeln in Zucker und Zimt wälzen.

Kokoshäufchen
★ Alle Zutaten bis auf die Kokosraspeln zu einem Teig verrühren. Dann Raspeln zufügen. ★ Mit TL kleine Häufchen auf ein mit Backtrennpapier ausgelegtes Backblech setzen und im vorgeheizten Backofen bei 200–225 °C (Gas Stufe 3–4) 8–10 Minuten backen. ★ Kuchenglasur nach Anweisung erwärmen und ein Streifenmuster über die Häufchen ziehen.

Vanille-Dukaten
★ Fett, Vanillemark, Zucker, Ei, Speisestärke und 1/3 des Mehls in eine Schüssel geben und zu einem Teig verrühren. ★ Dann das restliche Mehl hinzufügen, verkneten und den Teig kalt stellen. Daraus zwei Rollen formen, in Frischhaltefolie wickeln und im Kühlschrank fest werden lassen. ★ Mit Eiweiß oder Dosenmilch bestreichen und in Hagelzucker wenden. ★ Dann die Rollen in 1/2 cm dicke Scheiben schneiden, auf ein mit Backtrennpapier ausgelegtes Backblech legen und im vorgeheizten Backofen bei 200–225 °C (Gas Stufe 3–4) 8–10 Minuten backen.

Bunter Plätzchenteller

Gewürzstangen

★ Alle Zutaten der Reihe nach zu einem weichen Teig verrühren. ★ Den Teig in einen Spritzbeutel mit glatter Tülle füllen, Stangen von ca. 5 cm Länge auf ein mit Backtrennpapier ausgelegtes Backblech spritzen und im vorgeheizten Backofen bei 200 bis 225 °C (Gas Stufe 3–4) 15–20 Minuten backen. ★ Die Stangen auf einen Rost geben und erkalten lassen. Kuchenglasur nach Anweisung erwärmen, zum Schluß die Stangenenden in die dunkle Glasur tauchen.

Walnuß-Ecken

★ Alle Zutaten zu einem Teig verkneten, diesen 20 Minuten kalt stellen. ★ Die Walnußkerne mahlen, Eiweiße mit dem Zucker steif schlagen und die Walnüsse vorsichtig darunterziehen. ★ Den Teig dünn ausrollen, in Quadrate schneiden und diagonal teilen. Auf jedes Dreieck etwa 2 TL Makronenmasse geben. ★ Die Ecken auf ein mit Backtrennpapier ausgelegtes Backblech setzen, im vorgeheizten Backofen bei 200–225 °C (Gas Stufe 3–4) 10–15 Minuten backen.

1. Dezember

Bringt in Gang die Pyramide,
bei dem Nachbarn läuft sie schon,
zu dem Heiligabendliede
stimmet an den ersten Ton.

Singt: »Das Leben kommt in's Haus«!
Und laßt ja kein Versel aus.

Räuchermännel her und Dillen [Kerzen],
zündet an die bunte Schar.

Wenn sie sich in Wolken hüllen,
oh, wie riecht das wunderbar.

Aus dem Erzgebirge

2. Dezember

Noch ist Herbst nicht ganz entflohn,
Aber als Knecht Ruprecht schon
Kommt der Winter hergeschritten,
Und alsbald aus Schnees Mitten
Klingt des Schlittenglöckleins Ton.

Und was jüngst noch, fern und nah,
Bunt auf uns herniedersah,
Weiß sind Türme, Dächer, Zweige,
Und das Jahr geht auf die Neige,
Und das schöne Fest ist da.

Tag du der Geburt des Herrn,
Heute bist du uns noch fern,
Aber Tannen, Engel, Fahnen
Lassen uns den Tag schon ahnen,
Und wir sehen schon den Stern.

Theodor Fontane

Klassisch in Grün und Rot

Klassisch in Grün und Rot

Weihnachtliche Dekorationen beginnen mit dem klassischen Adventskranz. Versuchen Sie es doch mal mit etwas Ausgefallenem: einem dekorierten Kerzenständer, wie er links im Bild zu sehen ist. Oder mit einem kleinen Bärengesteck. Das Zubehör für die Gestecke finden Sie in gut sortierten Hobby- und Bastelgeschäften. Mit künstlichen Zweigen bleiben Ihre Arrangements lange schön. Und im nächsten Jahr werden sie mit ein paar neuen Accessoires aufgepeppt.

★ Wer's frisch bevorzugt, kauft lediglich die Dekorationsartikel wie Äpfelchen, Sterne und Zimtstangen und natürlich Bären im Fachgeschäft, den Rest in der Gärtnerei.

★ Noch ein kleiner Tip: Halten Sie sich nicht zu streng an Abbildungen! Geben Sie viel lieber Ihrem Gesteck eine eigene Note, indem Sie Varianten ausprobieren. Viele Kleinteile werden mit Klebstoff befestigt. Am besten geeignet ist eine Heißklebepistole. Aber auch flüssiger, transparenter Alleskleber ist hilfreich.

Adventskranz

★ Ein Heukranz mit 30 cm Durchmesser dient als Grundlage für den Adventskranz mit den Kegelkerzen. Zum Binden und Schmücken benötigen Sie 10 Blaukiefern- und 8 Tannenzweige, 1 Apfelkette, Holzstreu-Mix, 6 Zapfen, 3 Holzgänse, 1,5 m Buchsbaumranke sowie 6 Salignumzapfen. Befestigt wird alles mit Blumenstieldraht und Klebstoff.

Kerzenständer

★ Es gibt Kerzenständer mit einer Halterung für Blumentöpfe. In den Blumentopf einen halben Steckziegel legen. Die Kerzen anbringen und einen grünen Blumendraht in den hinteren Teil des Blumentopfs stecken. Diesen umwickeln Sie mit einem Kiefernzweig und setzen einen roten Holzstern darauf, einen weiteren kleben Sie von hinten fest. Ab jetzt wird frei gestaltet: 8 Holzsterne, 3 naturfarbene Holz-Artischocken, 6 Zimtstangen, 1 Apfelsortiment, 5 Salignumzapfen, 3 Buchsbaum-, 2 Kiefern- und 3 Efeuzweige, 1 Zedernzweig sowie 7 Blaukiefernzweige, je eine 0,8 m und 2,2 m lange Buchsbaumranke anbringen. Was sich nicht in den Blumentopf einstecken läßt, wird festgeklebt oder lose aufgelegt.

Gesteck mit Bären

★ Ein Sack-Set auf eine 8 x 18 cm große Pappunterlage stellen und mit Steckziegeln füllen. Japanische Lärche (Zapfen), 2 Blaukiefern-, 1 Blautannen-, 1 Kiefern- und 2 Tannenzweige, 1,5 m Lärchenranke sowie 5 rote Holzsterne, 18 Ilexbeeren, Schneebeeren und 2 Zimtstangen zum Gesteck arrangieren. Das Bärenpaar mit den Geschenken sowie die beiden Holzkerzen zum Schluß befestigen.

Dekorierte Kissen

★ Drei 15 x 15 cm große Kissen werden mit 3,20 m Weihnachtsband wie ein Päckchen lose verschnürt und entsprechend der Abbildung zurechtgelegt. Für das Gesteck und die übrige Dekoration benötigen Sie 4 Weihnachtsfiguren, 1 Holzilexblatt mit Stiefelchen, 1 roten Holzapfel, 2 kleine Gänse, 2 Salignumzapfen, 1 Blautannenzweig, 0,25 m Buchsbaum- und 1,5 m Lärchenranke sowie Kiefernzweige.

Gemütliche Bescherung

Material:

Cernit Modelliermasse
Alufolie
Stricknadel

So wird's gemacht:

★ Für das Sofa Kugeln aus Alufolie vorformen: Jede Armlehne ist 2,5 cm hoch, 4,5 cm breit und 1,5 cm tief. Die Rückwand ist 5 cm hoch, 6,5 cm breit und 2 cm tief, die Sitzfläche 1,5 cm hoch, 6 cm breit und 1,5 cm tief. Ummanteln Sie alle Teile mit dünn ausgerollter Modelliermasse. Bei den Armlehnen vorne ein Oval einsetzen. Drücken Sie die einzelnen Teile vorsichtig aneinander, und modellieren Sie mit Hilfe der Stricknadel die Falten.

★ Für die Geschenke Würfel entsprechend der Abbildung verzieren und mit modellierten Bändchen versehen. Den Stiefel frei formen, für die kleine Trommel eine Kugel flachdrücken. Aus Kugeln in verschiedenen Farben den Ball fertigen: Jede Kugel in Segmente teilen und diese zu einem neuen, bunten Ball zusammenfügen. Die Übergänge durch vorsichtiges Rollen verschließen.

★ Etwas aufwendiger ist der Weihnachtsmann: Für den Körper einen Kegel aus Alufolie mit roter Modelliermasse ummanteln. Eine Rolle, die zu den Enden hin schmaler wird, für die Beine in der Mitte teilen und die dicken Enden am Körper ansetzen. Ebenso die Arme fertigen. Für die Stiefel modellieren Sie zwei schwarze Rollen an den Enden zu Füßen aus, setzen sie entsprechend an die Beine und bringen die weiße Pelzkante aus Modelliermasse an. Mit einer feinen Nadel die Pelzkante strukturieren. Den schwarzen Gürtel aus einem ausgerollten Streifen fertigen.

★ Kopf und Nase formen Sie aus je einer Kugel, fügen beides zusammen und setzen den Kopf auf den Körper. Der Bart wird aus einer Platte, der Schnurrbart aus Streifen zugeschnitten. Ritzen Sie die Haarstruktur mit einem Messer ein. Erst danach beides am Kopf befestigen. Zum Schluß die Mütze aus einem Kegel modellieren, auf den Kopf setzen und den weißen Pelzrand sowie den Bommel anbringen. Für die Hände zwei Ovale formen und die Finger mit einem Messer einritzen. Einen Pelzrand auf den Übergang zum Arm setzen.

★ Jetzt kann Ihr Weihnachtsmann auf dem Sofa Platz nehmen. Modellieren Sie die Kinder nach demselben Prinzip.

★ Das fertige Arrangement bei 110 °C 20–30 Minuten im Backofen härten.

Bärenstarker Adventskalender

★ Über solch einen witzigen Adventskalender freuen sich nicht nur die Kleinen; denn aus den Stiefelchen schauen zwar Bärchen, was drin steckt, ist damit aber noch lange nicht verraten. Die Bärenkette, die Sie in Kaufhäusern und Drogerien finden, läßt sich ganz individuell füllen.

★ Aufgehängt im Fenster oder über dem Kinderbett, ist der Kalender eine wunderschöne Dekoration. Verzieren Sie die Enden der Kordel mit frischen Tannenzweigen oder einem kleinen Gesteck.

★ In liebevoller Kleinarbeit können Sie eine Stiefelkette selbst machen: Schneiden Sie 24 Stiefel aus doppelt gelegtem rotem Filz zu, und nähen Sie jeweils 2 Teile zusammen. Dabei die obere Kante zum Füllen offen lassen. Zahlen mit dickem Filzstift daraufschreiben und die Stiefel an eine Kordel binden.

2. Dezember

Braune Kuchen

125 g Butter oder Margarine,
125 g Zucker, 125 g Sirup,
1/2 TL Pottasche, 50 g Speisestärke,
225 g Mehl, 1 Ei,
1/2 Btl. Pfefferkuchengewürz,
60 g gewürfeltes Orangeat,
75 g abgezogene und gehackte Mandeln,
50 g abgezogene und halbierte Mandeln
zum Verzieren

So wird's gemacht:

☆ Fett, Zucker und Sirup erhitzen, bis sich der Zucker aufgelöst hat. Die Masse in eine Schüssel geben und abkühlen lassen. Pottasche in 1–2 EL Wasser auflösen. Speisestärke, Mehl, Ei, Pfefferkuchengewürz, Orangeat, gehackte Mandeln und angerührte Pottasche auf die Zuckermasse geben und alles mit dem Handrührgerät auf niedriger Stufe verkneten. Mehrere Rollen von etwa 4 cm Durchmesser formen, in Frischhaltefolie wickeln und über Nacht kalt stellen.

☆ Die Teigrollen anschließend in 1/2 cm dicke Scheiben schneiden und diese auf ein mit Backtrennpapier ausgelegtes Backblech geben. Je einen halbierten Mandelkern in die Mitte drücken und im vorgeheizten Backofen bei 200 °C (Gas Stufe 3) 10–15 Minuten backen.

TIP: Abwechslung bringt ein Zucker- oder Schokoladenguß in die Verzierung: Verrühren Sie 250 g Puderzucker mit etwas Wasser, bis eine sehr zähflüssige Masse entsteht. Diese auf die ausgekühlten Kuchen streichen. Oder erwärmen Sie eine dunkle Kuchenglasur nach Anweisung, und pinseln Sie diese auf das bereits erkaltete Gebäck.

Madeleines

3 Eier, 125 g Zucker,
1 TL Bourbon-Vanillezucker,
1/2 TL Zitronenschalen-Aroma,
125 g Butter/Margarine,
100 g Speisestärke, 100 g Mehl,
1 gestrichener TL Backpulver,
1 Päckchen Schokoladenglasur für den Guß, Madeleine-Förmchen (5 x 8 cm)

So wird's gemacht

✯ Die Eier mit dem Zucker, dem Bourbon-Vanillezucker und dem Zitronenschalen-Aroma mit dem Handrührgerät auf der höchsten Stufe schaumig schlagen. Fett zerlassen. Speisestärke, Mehl und Backpulver unter die Eiercreme heben. Zum Schluß das abgekühlte Fett untermischen.

✯ Die gefetteten Madeleine-Förmchen zu 2/3 mit Teig füllen. Auf ein Backblech setzen und im vorgeheizten Backofen bei 200–225 °C (Gas Stufe 3–4) etwa 10–15 Minuten backen. Die Madeleines vorsichtig aus den Förmchen lösen und erkalten lassen.

✯ Nun die Schokoladenglasur im Wasserbad schmelzen und die Madeleines mit einem Ende hineintauchen. Alle Kuchen auf ein Gitter setzen und trocknen lassen.

TIP: Wenn Sie keine Madeleine-Förmchen besitzen, stülpen Sie einfach Alufolie über ein Schnapsglas, legen sie doppelt, arbeiten einen wulstig umgeschlagenen Rand und stellen so kleine Einmalformen aus Folie her. Sie können den Teig auch auf ein mit Backtrennpapier ausgelegtes Backblech streichen und sofort nach dem Backen in 5 x 8 cm dicke Streifen schneiden.

2. Dezember

Das Schiff geht still im Triebe.
Es trägt ein' teure Last.
Das Segel ist die Liebe,
der heil'ge Geist der Mast.

Zu Bethlehem geboren
im Stall ein Kindelein.
Gibt sich für uns verloren,
gelobet muß es sein.

3. Dezember

Ein Winterabend

Wenn der Schnee ans Fenster fällt,
Lang die Abendglocke läutet,
Vielen ist der Tisch bereitet,
Und das Haus ist wohlbestellt.

Mancher auf der Wanderschaft
Kommt ans Tor auf dunklen Pfaden.
Golden blüht der Baum der Gnaden
Aus der Erde kühlem Saft.

Wanderer tritt still herein;
Schmerz versteinerte die Schwelle.
Da erglänzt in reiner Helle
Auf dem Tische Brot und Wein.

Georg Trakl

3. Dezember

Mit Päckchen und Früchten

Kranz mit Päckchen

Es muß nicht immer Tanne sein: Der Päckchenkranz aus Ginster zieht garantiert alle Blicke auf sich! Am einfachsten, Sie lassen sich den Kranz in einer Gärtnerei binden. Legen Sie zuvor Ihre Päckchen auf einen fertigen (Tannen-)Kranz, um die Größe genauer bestimmen zu können. Floristisch Geschickte binden den Kranz aus Ginstersträngen selbst.

★ Legen Sie ein breites Metall-Gitterband aus feinen Kupfer-und Goldfäden um Ihren Kranz; die Enden auf der Kranzunterseite mit Nadeln fixieren. Die fünf Päckchen aufkleben. Binden Sie zwei Blätter mit einem künstlichen Äpfelchen und zwei Hagebutten zusammen, und verteilen Sie fünf dieser Sträußchen zwischen den Päckchen.

Mit Früchten dekoriert

★ Farbenprächtig leuchtet der kleine Tannenbaum mit seinen Früchten und Zapfen. Letztere finden Sie sicher beim Spaziergang im Wald; die künstlichen Früchte in den leuchtenden Farben gibt es in Bastelgeschäften.

★ Was nicht angedrahtet ist, wird mit Blumendraht umwickelt. Dekorieren Sie den Baum mit zahlreichen Bündeln aus Früchten und den kleinen Zapfen.

★ Besonders schön wirkt der Baum in einem bauchigen Korb. Die Blumenerde wird mit Stroh überdeckt. Sie können auch ein Stofftuch, Folie oder Papier verwenden: Stellen Sie den Topf mit Baum mittig darauf, und schlagen Sie alle Kanten hoch. Mit Kordel werden sie unten am Stamm befestigt.

3. Dezember

Alles für die Puppenstube

Material:

Fimo Modelliermasse in den
gewünschten Farben,
Alufolie,
Modellierstäbchen,
kleines Messer,
Wellholz,
Papier, Bleistift
und Lineal für Schablonen
(Drachen, Schulranzen usw.)

So wird's gemacht:

★ Die Modelliermasse zwischen den Handflächen kneten, bis sie weich und geschmeidig ist. Dies geht am besten, wenn Sie kleine Stücke vom Block abschneiden und diese abwechselnd zu einer Rolle und Kugel rollen. Die weiche Modelliermasse läßt sich mit einem Wellholz zu einer Platte ausrollen. Flache Teile wie Drachen, Schulranzen oder Bücher werden aus Platten ausgeschnitten.

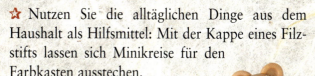

Alles für die Puppenstube

☆ Nutzen Sie die alltäglichen Dinge aus dem Haushalt als Hilfsmittel: Mit der Kappe eines Filzstifts lassen sich Minikreise für den Farbkasten ausstechen.

☆ Fertigen Sie für Objekte, bei denen es auf genaue Formen ankommt, eine Schablone: Schneiden Sie den Drachen aus Papier zu. Für das rote Hauptteil des Schulranzens benötigen Sie ein Rechteck mit abgerundeten Kanten sowie eine Klappe. Auch die Minibücher sollten Sie vorab aus Papier herstellen, um ein Gefühl für die Größe zu bekommen. Füllen Sie die Hohlräume mit Alufolie, damit das Objekt nicht zusammenfällt.

☆ Anhand der Detailfotos – der Pfennig zeigt die Größenverhältnisse an – können Sie die gewünschten Motive nacharbeiten. Einige werden im folgenden genauer beschrieben, um Ihnen den Einstieg ins Modellieren zu erleichtern.

☆ *Schulranzen:* Formen Sie die Grundform aus einer Alufolien-Kugel, und ummanteln Sie diese rot. Darauf setzen Sie die aus Platten zugeschnittenen Taschen in Gelb und Hellblau. Die orangefarbene Klappe wird ebenfalls aus einer Platte zugeschnitten und hinten angesetzt. Zum Schluß die Schnallen anbringen.

☆ Für das *Baby* ein dicke Rolle formen, unten und oben einschneiden und die Arme und Beine herausarbeiten. Der Kopf und die Hände entstehen aus Kugeln, die Mütze aus einer Platte. Augen, Nase und Punkte aus kleinen Kügelchen aufsetzen und andrücken, den Kragen und die Bündchen aus einer Platte zuschneiden.

☆ Für die *Bücher* fertigen Sie eine dickere weiße Platte, die Sie mit einer dünnen Platte in der gewünschten Farbe ummanteln. Ein aufgeschlagenes Buch erhalten Sie, wenn Sie die weiße Platte falten, im Bruch zusammendrücken und wieder aufschlagen.

☆ Die Details für die *Obstschale* werden einzeln gefertigt: Beginnen Sie mit der hellblauen Schale, auf die Sie die Mini-Eisenbahn setzen. Das Obst einzeln herstellen, in die Schale legen und vorsichtig andrücken.

☆ *Härten:* Den Backofen auf 130 °C vorheizen, alle Teile auf einen glatten Untergrund (Glasplatte, Teller, Alufolie) legen und 20–30 Minuten härten. Die endgültige Härte erhalten Fimo-Objekte nach dem Abkühlen! Sie können Details nach dem Abkühlen mit Acrylfarbe aufmalen.

3. Dezember

Schnitten und Brezeln

Mandelschnitten

6 Eiweiße, 150 g Puderzucker,
250 g gemahlene Mandeln,
120 g gehackte Mandeln

Vanillebrezeln

270 g Mehl, 100 g Zucker, Mark von
1 Vanilleschote, 2 EL Sahne, 120 g weiche
Butter, Butter zum Einfetten des Blechs;
125 g Puderzucker und 2 EL Rum
für den Guß

So wird's gemacht:

☆ Die Eiweiße mit einigen Tropfen heißem Wasser sehr steif schlagen, Puderzucker und gemahlene Mandeln vorsichtig darunterziehen. Teig etwa 1 cm dick auf ein mit Backtrennpapier ausgelegtes Backblech streichen. Gehackte Mandeln darüberstreuen und bei 200 °C 15–20 Minuten backen. Sofort in Streifen schneiden.

So wird's gemacht:

☆ Mehl, Zucker, Vanillemark, Sahne und Butter zu einem glatten Teig verkneten und diesen etwa 2 Stunden kalt stellen. Dann den Teig in 2 gleich lange Rollen mit dem Durchmesser eines Fünfmarkstückes formen, davon 1 cm dicke Scheiben abschneiden.

☆ Drehen Sie jede dieser Scheiben zu einer 15 cm langen Rolle, und legen Sie Brezeln daraus. Die Brezeln auf einem gefetteten Backblech bei 180 °C etwa 15 Minuten backen. In der Zwischenzeit einen Guß aus Puderzucker, 1 EL heißem Wasser und dem Rum zubereiten.

☆ Die noch heißen Brezeln damit bestreichen (Achtung: Vorsichtig vorgehen, die Brezeln können dabei leicht zerbrechen!) und auf einem Gitter auskühlen lassen.

Butter- und Zitrusgebäck

Butterplätzchen

500 g Mehl, 1 TL Backpulver,
2 Eier, 200 g Zucker,
1 Päckchen Vanillezucker,
1 TL geriebene Zitronenschale,
150 g Butter; zum Bestreichen
1 Eigelb (vor dem Backen),
Guß aus Puderzucker und Rum,
Zuckerschrift (nach dem Backen)

Zitronenschnitten

300 g Butter, 200 g Zucker,
2 Eier, 1 Prise Salz,
abgeriebene Schale einer
unbehandelten Zitrone,
350 g Mehl, 1/2 TL Backpulver,
Butter zum Einfetten des Blechs,
50 g Schokoladenkuvertüre,
1 Stück Pergamentpapier

So wird's gemacht:

☆ Alle Zutaten mit kühlen Händen zu einem glatten Teig kneten und 1 Stunde kalt stellen. Teig ausrollen, Formen ausstechen, eventuell mit Eigelb bestreichen und auf einem gefetteten Backblech bei 200 °C (Gas Stufe 3) 15–20 Minuten backen. Nach Wunsch mit Zuckerguß verzieren oder mit fertiger Zuckerschrift Weihnachtswünsche aufschreiben.

So wird's gemacht:

☆ Butter mit Zucker, Eiern, Salz und Zitronenschale verrühren. Das Mehl mit dem Backpulver vermischen und löffelweise unterrühren. Den Teig auf ein gefettetes Backblech streichen und bei 175 °C (Gas Stufe 2–3) 20 Minuten backen. Inzwischen die Kuvertüre im Wasserbad auflösen. Ein kleines Stück Pergamentpapier zu einer spitzen Tüte formen, die Spitze abschneiden, heiße Schokolade einfüllen und in unregelmäßigen Streifen auf dem gebackenen Teig verteilen. Diesen schnell (solange er noch heiß ist) in Rauten schneiden.

3. Dezember

Leise rieselt der Schnee

Lei - se rie - selt der Schnee,
still und starr liegt der See,
weih - nacht - lich glän - zet der Wald,
freu - e dich, Christ - kind kommt bald!

In den Herzen wird's warm,
still schweigt Kummer und Harm,
Sorge des Lebens verhallt,
freue dich, Christkind kommt bald!

Bald ist Heilige Nacht,
Chor der Engel erwacht,
hört nur, wie lieblich es schallt:
Freue dich, Christkind kommt bald.

4. Dezember

Kinder, kommt und ratet,
was im Ofen bratet!
Hört, wie's knallt und zischt.
Bald wird er aufgetischt,
der Zipfel, der Zapfel,
der Kipfel, der Kapfel,
der gelbrote Apfel.

★ ★ ★

Kinder, lauft schneller,
holt einen Teller,
holt eine Gabel!
Sperrt auf den Schnabel
für den Zipfel, den Zapfel,
den Kipfel, den Kapfel,
den goldbraunen Apfel!

★ ★ ★

Sie pusten und prusten,
sie gucken und schlucken,
sie schnalzen und schmecken,
sie lecken und schlecken
den Zipfel, den Zapfel,
den Kipfel, den Kapfel,
den knusprigen Apfel.

Volkstümliches Gedicht

4. Dezember

Weihnachtliche Fenster

„**Fröhliche Adventszeit!**" wünschen Ihnen und Ihren Gästen die munteren Gesellen auf dem Fensterbild oben. Sie fahren bereits mit dem Schlitten Geschenke aus, läuten zum Adventskaffee und verbreiten gute Stimmung!
Es gibt vier verschiedene Bären im A5-Format in Kaufhäusern und Drogerien zu kaufen. Sie sind ganz einfach anzubringen. Die selbsthaftende Folie läßt sich nach Weihnachten rückstandslos wieder ablösen.

★ Wer es eher festlich liebt, entscheidet sich für den herrlich geschmückten Weihnachtsbaum rechts. Das 35 x 50 cm große Motiv ist ebenfalls auf selbsthaftende Folie gedruckt und leicht anzubringen.
★ Vervollständigen Sie das Bild mit Sternchen, die Sie oberhalb des Baumes im ganzen Fenster verteilen. Keine Angst vor dem Abmachen: Selbsthaftende Folie hinterläßt beim späteren Abziehen keine Kleberückstände.

★

Haben Sie schon einmal daran gedacht, Ihre Fensterbänke zu schmücken? Ein weihnachtliches Jutesäckchen, mit Nüssen gefüllt, etwas weiße Folie und ein paar Nüsse sind ein guter Anfang. Rotbackige Äpfel, einzeln oder in kleinen Gruppen auf der Fensterbank verteilt, vervollständigen das Bild.
★ Im Kinderzimmer sollten Sie besser auf „Folienschnee" verzichten: Kinder können überaus kreativ mit diesem Material umgehen – sehr zum Leid der Eltern. Eine Obstschale, ein kleines Gesteck und Nüsse erfreuen die Kleinen genauso. Ganz wichtig: Auf Fensterbänke in Kinderzimmern gehören auch keine Kerzen!

4. Dezember

Traumhafte Bänder

Sie verzaubern im Handumdrehen jeden Tisch mit ausgefallenen Tischbändern, besonders wenn diese von Hand bestickt sind. ★ Die Ilexranken rechts oben wirken ohne die roten Linien als Einzelmotiv auch sehr schön in einer Serviettenecke oder, wie der Weihnachtsbaum, als Abschluß eines textilen Geschenkbandes. ★ Alle Motive sind im Kreuzstich gearbeitet. ★ Die verwendeten Bänder mit eingearbeitetem Goldfaden gibt's im Fachgeschäft.

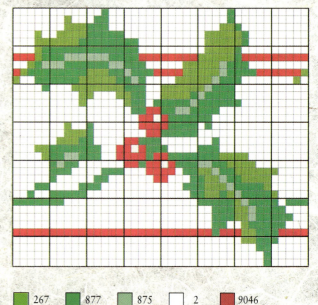

267 877 875 2 9046

Material:
Für das Band mit Ilexranken 1,73 m weißes Band (fadengerade), Sticknadel Nr. 24 ohne Spitze; für das Tannenbaummotiv 1,30 m fadengerades Band, Sticknadel Nr. 22 ohne Spitze; je 1 Strang Anchor Sticktwist in den beiden Zählmustern angegebenen Farben, vom Ton 877 (Ilexband) 2 Stränge

So wird's gemacht:

★ Mit den Ilexranken 53 cm vom Bandende beginnen. Gestickt wird 2fädig; den Rapport 9mal wiederholen. ★ Den Tannenbaum 3fädig arbeiten und 8,5 cm vom Bandende sticken. ★ Nach Abschluß der Stickarbeit die Bandenden zu Spitzen legen und festnähen.

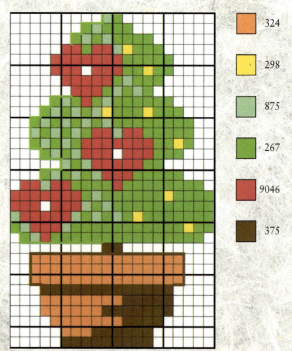

324
298
875
267
9046
375

4. Dezember

Zitronenkränze

*125 g Butter, 100 g Zucker,
1 unbehandelte Zitrone, 2 Eigelbe,
200 g Mehl, 50 g Kartoffelmehl oder
Speisestärke, 1 gestrichener TL Backpulver;
zum Verzieren
1 Eigelb, 1 EL Milch, Hagelzucker*

So wird's gemacht:

★ Butter und Zucker schaumig rühren. Zitrone gründlich waschen, abtrocknen und die Schale fein abraspeln. Zitronenschale und -saft in die Butter-Zucker-Masse rühren, die Eigelbe zufügen.

★ Mehl mit dem Kartoffelmehl und dem Backpulver vermischen. Löffelweise unter die Teigmasse rühren, den Rest unterkneten. Den Teig über Nacht kalt stellen, dann auf einer leicht bemehlten Arbeitsfläche etwa 1/2 cm dick ausrollen. Kleine Kränzchen ausstechen und auf ein mit Backtrennpapier ausgelegtes Backblech setzen. Eigelbe und Milch in einer Tasse miteinander verrühren und die Kränzchen damit bestreichen.

★ Alle dick mit Hagelzucker bestreuen und im vorgeheizten Backofen bei 200 °C (Gas Stufe 3) 10–15 Minuten hellgelb backen.

TIP: Statt mit Eigelb, Milch und Hagelzucker können Sie die Kränze nach dem Backen und Auskühlen auch mit einem Guß aus 250 g Puderzucker und 2–3 EL Zitronensaft bestreichen. Dabei vorsichtig vorgehen, die Kränze sind mürbe. Es sieht sehr hübsch und nach feiner Konfiserie aus, wenn Sie zusätzlich hauchfeine Spiralen aus Zitronenschale (mit dem Gurkenschneider abhobeln und in dünne Streifen schneiden) leicht in den Guß drücken.

Zitronensterne

130 g Butter, 100 g Zucker,
3 Eigelbe, abgeriebene Schale von
1–2 unbehandelten Zitronen,
1 Prise Salz, 275 g Mehl,
Butter für das Backblech;
für die Glasur 150 g Puderzucker,
abgeriebene Schale
von 1 unbehandelten Zitrone,
1–2 EL Zitronensaft

So wird's gemacht:

★ Die weiche Butter mit dem Zucker schaumig rühren. Dann die Eigelbe zufügen. Die abgeriebene Zitronenschale, das Salz und das Mehl hinzugeben und zu einem glatten Teig verkneten. Diesen auf einer gut bemehlten Arbeitsfläche etwa 1/2 cm dick ausrollen, Sterne ausstechen und auf ein gefettetes Backblech setzen. Im vorgeheizten Backofen bei 200 °C (Gas Stufe 3) 10–15 Minuten backen.

★ Für die Glasur den Puderzucker zusammen mit der Zitronenschale und dem Zitronensaft verrühren. Sterne auf einem Gitter auskühlen lassen und mit dem Guß bestreichen.

TIP: Stechen Sie eine gleiche Anzahl Sterne in mindestens drei unterschiedlichen Größen aus. Setzen Sie die Sterne nach dem Auskühlen mit etwas Guß zu kleinen Pyramiden oder Bäumchen zusammen.

★ Nun geben Sie mit einem Teelöffel flüssigen Guß so über die Sternspitzen, daß kleine Tropfen entstehen, die erstarren. Ihre Bäumchen sehen dann aus, als wären sie mit einer dicken Schicht Schnee überzogen. Zusätzlichen Glanz verleihen Liebesperlen in Silber, die Sie auf die Spitzen setzen.

4. Dezember

Kindergebete

Christkindchen, ich will artig sein,
bescher mir was in mein Schüsselein,
Äpfel, Nüsse, eins, zwei, drei,
und ein Püppchen auch dabei.

Ei, du lieber Heil'ger Christ!
Komm nur nicht, wenn's dunkel ist,
komm im hellen Mondenschein,
wirf mir Nüß und Äpfel rein!

Heil'ger Christ, wir flöten,
trommeln und trompeten:
Bring uns recht was Schönes mit,
lieber, guter, Heil'ger Christ!

Lieber guter Weihnachtsmann,
schau mich nicht so böse an,
stecke deine Rute ein,
ich will auch immer artig sein.

5. Dezember

Welch Geheimnis ist ein Kind

Welch Geheimnis ist ein Kind!
Gott ist auch ein Kind gewesen;
Weil wir Kinder Gottes sind,
Kam ein Kind, uns zu erlösen.
Welch Geheimnis ist ein Kind!
Wer dies einmal je empfunden,
Ist den Kindern
durch das Jesuskind verbunden.

★

Welche Würde trägt ein Kind!
Sprach „das Wort" doch selbst die Worte:
„Die nicht wie die Kinder sind,
Geh'n nicht ein zur Himmelspforte."
Welche Würde trägt ein Kind!
Wer dies einmal je empfunden,
Ist den Kindern
durch das Jesuskind verbunden.

★

O wie heilig ist ein Kind!
Nach dem Wort von Gottes Sohne
Alle Kinder Engel sind,
Wachend vor des Vaters Throne.
O wie heilig ist ein Kind!
Wer dies einmal je empfunden,
Ist den Kindern
durch das Jesuskind verbunden.

Clemens Brentano

5. Dezember

Transparente Sterne

Material:

Tonpapier,
Strohseidenpapier mit Goldfäden
und Transparentpapier in Weiß,
Stempel mit Sternmotiven,
metallicfarbenes Pigmentstempelkissen,
Papier, weicher Bleistift,
Bastelmesser,
Schneideunterlage,
Uhu Alleskleber tropffrei

So wird's gemacht:

☆ Zeichnen Sie einen Stern auf Papier vor, ziehen Sie wie auf dem Foto die inneren Trennungslinien ein, und schneiden Sie ihn entlang der Außenkontur sowie der inneren Linien aus. Sie können auch einen Stern von der Abbildung unten abpausen und auf dem Fotokopierer vergrößern. Die gezeigten Sterne haben „echt" etwa 12 bis 30 cm Durchmesser.

☆ Übertragen Sie Ihre Schablonen auf das Tonpapier. Besonders schön werden die Motive, wenn Sie die Sterne doppelt arbeiten: Dann benötigen Sie für jede Größe zwei Kartonsterne. Am besten geht das Ausschneiden mit dem Bastelmesser (Karton unterlegen).

☆ Die Kartonsterne auf das Transparent- oder Strohseidenpapier legen, Außenkontur nachziehen und innerhalb der Bleistiftlinie zuschneiden. Je nach Wunsch Karton- oder Transparentpapier-Zuschnitte bestempeln.

☆ Vorsicht: Pigmentfarbe trocknet langsam; während der Arbeit nicht hineingreifen!

☆ Nach dem Trocknen die Ränder der Kartonsterne dünn mit Alleskleber einstreichen, den Transparent- oder Seidenzuschnitt auflegen und einen zweiten Kartonzuschnitt gegenkleben.

Gesteck mit Gießfiguren

Material:

Weihnachtliche Gießformen und Ceramofix Gießmasse, ein Korb, grüne Zweige und Ranken wie auf dem Foto (aus dem Hobbybedarf oder Naturmaterial), Bambusstäbe, rote Glaskugeln, Tannenzapfen und Beeren, Gitterband und dünner Draht in Kupfer, eine rote Kugelkerze, flüssiger Klebstoff, Blumendraht, Farbe in Kupfer, Bronze sowie Tönen nach Wunsch, Pinsel

So wird's gemacht:

☆ Gießen Sie die Figuren nach Anleitung, und bemalen Sie sie nach dem Trocknen. Das Gesteck hat lediglich drei verschiedene Figuren – jede aber doppelt. Wie Farbe die Wirkung verändert, zeigt die Abbildung sehr deutlich: Mal bunt, mal einfarbig in Kupfer bemalt, vielleicht mit wenig Gold oder Bronze konturiert, erzielen die Figuren völlig unterschiedliche Effekte. Sie können auch sparsam Goldstaub auf die noch feuchten Objekte streuen.

☆ Streichen Sie zwei Bambusstäbe in Kupfer. Wer keinen passenden Korb gefunden hat, bemalt einen entsprechend. Einen Steckziegel in den Korb legen und zuerst die hohen Zweige im Hintergrund einsetzen. Danach die übrigen Zweige und Dekorationen wie auf dem Foto anbringen. Was sich nicht stecken läßt, wird festgeklebt oder mit Draht gesichert. Die Figuren werden geklebt – an den Korb oder an grüne Bambusstäbe. Zum Schluß arrangieren Sie das Gitterband und den Draht.

5. Dezember

Rüschen und Spitzen

Etwas ganz Besonderes für die beste Freundin (oder für Sie selbst) ist sicherlich Bettwäsche. Aber sie muß schon zu ihrem Typ passen: Wählen Sie romantisch verspielte Wäsche in zarten Pastelltönen oder Einzelstücke in klaren, kräftigen Sonnenfarben. Sie finden die herrlichen Stücke in keinem Geschäft? Das kann gut sein, denn die abgebildeten Modelle sind allesamt selbst gefertigt: Für die Bettwäsche oben wurde schlichte weiße Wäsche mit Spitze aufgepeppt, die Kissen unten stammen aus Omas Wäscheschrank. Sie können solche Kissen aber auch selbst nähen.

Material:

*Für die **Romantik-Stücke** Bettwäsche und Spitzen aus Baumwolle, nach Wunsch Satinband, Baumwollnähgarn, alles Weiß, Simplicol Textil-Echtfarbe in Türkis, Zitronen- und Ockergelb, pro Maschinenfärbung 1 kg Salz*

*Für die bunten **Rüschenkissen** fertige Kissen oder weißer Baumwollstoff, Einziehkissen oder Schaumstoff zum Füllen, Baumwollspitzen und Baumwollnähgarn in Weiß, Textil-Echtfarben in den gewünschten Tönen, pro Maschinenfärbung 1 kg Salz*

Wichtig:
Synthetik nimmt die Farbe nicht an. Unbedingt Baumwollfaden verwenden.

So wird's gemacht:

★ Die Bettwäsche wird vor dem Färben aufgepeppt: Fixieren Sie die Spitzen mit Stecknadeln in der gewünschten Position. Dabei auch die Ecken entsprechend falten. Sollten Sie, wie beim mittleren Kissen, noch Bänder anbringen wollen, werden diese vor der Spitze aufgesetzt, damit die Kanten überdeckt werden. Gefällt Ihnen die Anordnung, steppen Sie die Spitze auf. Alle Teile färben Sie einzeln nach Anweisung in der Packung. Wollen Sie zwei Bezüge in derselben Farbe, können Sie diese selbstverständlich zusammen in die Maschine geben (Mengen und Farbtöne der Packungen beachten).

★ Für die Rüschenkissen können Sie schlichte weiße Kissen zum Verändern benutzen. Nähen Sie die Rüschenkissen selbst, arbeiten Sie zunächst die Vorderteile.

★ Spitzenbänder nach Wunsch aufsteppen. Eine Rüsche nähen Sie wie folgt: Auf einen Stoffstreifen (doppelte Länge des Kissenumfangs) die Spitze so an eine Längskante nähen, daß sie übersteht. An der anderen Kante ziehen Sie einen Kräuselfaden ein, raffen das Band auf die Länge des Kissenumfangs und setzen diese Kante auf das Kissen. Über die Ansatznaht ein Baumwollband setzen. Oder die Kante doppelt einschlagen und im Abstand von etwa 0,5 cm zweimal feststeppen.

★ Wollen Sie Rüschen wie beim blauen und roten Kissen am Rand anbringen, setzen Sie sie etwa 0,5 cm hinter die Außenkante. Bei fertigen Kissen die Ansatznaht wie oben beschrieben verdecken.

★ Nähen Sie die Kissen komplett selbst, müssen Sie die Rüsche so rechts auf rechts an die Kante des Vorderteils nähen, daß sie innen liegt. Zum Schluß die Rückseiten anbringen, dabei eine Öffnung zum Füllen lassen.

★ Färben Sie Kissen einer Farbe zusammen in der Waschmaschine wie vom Hersteller empfohlen.

Rüschen und Spitzen

5. Dezember

Zimtsterne

3 Eiweiße, 250 g Puderzucker, 250–300 g gemahlene Mandeln, 1 TL gemahlener Zimt, Alufolie oder Pergamentpapier

So wird's gemacht:

☆ Die gut gekühlten Eiweiße sehr steif schlagen. Dann langsam den durchgesiebten Puderzucker unterschlagen, alles zu einer dickschaumigen Masse rühren. Die Hälfte in eine Tasse füllen und zugedeckt beiseite stellen. Unter die restliche Masse den Zimt und so viele gemahlene Mandeln kneten, daß ein dicker Teig entsteht. Alles gut durcharbeiten.

☆ Dann den Teig 1/2 cm dick ausrollen. Am besten geht das zwischen zwei Bogen Alufolie oder Pergamentpapier.

☆ Die Bogen immer wieder vorsichtig ablösen und neu auflegen, bis der Teig gleichmäßig dick ausgerollt ist. Kleine Sterne ausstechen, diese dick mit der beiseite gestellten Masse bestreichen und auf ein mit Backtrennpapier ausgelegtes Backblech setzen. Etwa 2 Stunden trocknen lassen, dann im vorgeheizten Backofen bei 175 °C (Gas Stufe 2–3) sehr hell backen.

☆ Die Sterne vorsichtig vom Blech lösen, abkühlen lassen und in einer luftdichten Gebäckschachtel aufbewahren.

TIP: Als Verzierung von Weihnachtstorten können Sie beispielsweise sehr kleine Zimtsterne herstellen. Sie passen geschmacklich besonders gut zu Schokoladen- oder Nußtorten. Ein Hauch von Kakaopulver, vorsichtig über die ganze Oberfläche gesiebt, verleiht der Torte ein professionelles Aussehen und einen leicht herben Akzent.

Zimtplätzchen

*150 g Butter, 250 g Zucker,
1 Päckchen Vanillezucker, 2 Eier,
1 TL Zimt, 1 Messerspitze Kardamom,
250 g gemahlene Mandeln, 250 g Mehl,
etwas Butter für das Blech,
1 Ei zum Bestreichen*

So wird's gemacht:

☆ Die weiche Butter mit dem Zucker und dem Vanillezucker schaumig rühren. Anschließend die Eier hinzufügen. Den Zimt mit dem Kardamom, den Mandeln und dem Mehl dazugeben und zu einem glatten Teig verkneten. Diesen 1–2 Stunden kalt stellen. Den Teig auf einer nur leicht bemehlten Arbeitsfläche ausrollen und ovale Plätzchen ausstechen. Ein Backblech mit etwas Butter einfetten und die Plätzchen daraufsetzen. Nun das Ei verquirlen und die Plätzchen so damit bestreichen, daß kein Ei auf das Blech läuft. Im vorgeheizten Backofen bei 175–200 °C (Gas Stufe 3) 10–15 Minuten backen.

TIP: Feines Gebäck wie die Zimtplätzchen sollte nur auf einem Hauch Mehl und auf gar keinen Fall auf Zucker ausgerollt werden, da der Geschmack darunter leidet. Zuviel Mehl macht das Gebäck hart, zusätzlicher Zucker macht es zu süß. Deshalb ist auch das Ausrollen zwischen zwei Bogen aus Alufolie oder Pergamentpapier zu empfehlen. Achten Sie bei der Verwendung jedoch darauf, das Papier oder die Folie während des Ausrollens immer wieder vom Teig zu ziehen und neu aufzulegen, damit die Schicht an allen Stellen auch wirklich gleichmäßig dick wird. Außerdem könnten Sie den Teig zum Schluß wieder auseinanderreißen.

5. Dezember

Laßt uns froh und munter sein

Laßt uns froh und munter sein
und uns recht von Herzen freun!
Lustig, lustig, traleralera!
Bald ist Nikolausabend da,
bald ist Nikolausabend da!

Dann stell' ich den Teller auf,
Niklaus legt gewiß was drauf.

Wenn ich aufgestanden bin,
lauf' ich schnell zum Teller hin.

Niklaus ist ein guter Mann,
dem man nicht g'nug danken kann.

6. Dezember

Der Traum

Ich lag und schlief; da träumte mir
ein wunderschöner Traum:
Es stand auf unserm Tisch vor mir
ein hoher Weihnachtsbaum.

★

Und bunte Lichter ohne Zahl,
die brannten ringsumher;
die Zweige waren allzumal
von goldnen Äpfeln schwer.

★

Und Zuckerpuppen hingen dran,
das war mal eine Pracht!
Da gab's, was ich nur wünschen kann
und was mir Freude macht.

★

Und als ich nach dem Baume sah
und ganz verwundert stand,
nach einem Apfel griff ich da,
und alles, alles schwand.

★

Da wacht' ich auf aus meinem Traum,
und dunkel war's um mich.
Du lieber, schöner Weihnachtsbaum,
sag an, wo find' ich dich?

★

Da war es just, als rief er mir:
„Du darfst nur artig sein;
dann steh' ich wiederum vor dir;
jetzt aber schlaf nur ein!

★

Und wenn du folgst und artig bist,
dann ist erfüllt dein Traum,
dann bringet dir der heil'ge Christ
den schönsten Weihnachtsbaum."

August Heinrich Hoffmann von Fallersleben

6. Dezember

Der Nikolaus kommt

Material:

*Schwarzes Tonpapier,
Transparentpapier wie auf dem Foto,
Uhu Alleskleber Kraft,
Bastelmesser, Schere,
etwas Kordel*

So wird's gemacht:

☆ Pausen Sie das Motiv von der Abbildung unten ab, und vergrößern Sie es auf dem Fotokopiergerät. Der Nikolaus ist etwa 33 cm hoch. Schlitten und Nikolaus werden getrennt gearbeitet. Die Konturen beider Elemente auf Tonpapier übertragen; dabei sowohl die Außenkontur als auch sämtlichen Linien innerhalb der Motive doppelt nachfahren. Schneiden Sie zuerst die farbig zu hinterlegenden Innenteile, anschließend die Außenkontur aus. Jeden Rahmen ein zweites Mal, diesmal seitenverkehrt, zuschneiden. Die rote Schleife des Geschenkesacks auf dem Schlitten wird nachträglich aufgeklebt.

☆ Jeweils eine der beiden Kartonschablonen auf Transparentpapier in der entsprechenden Farbe legen, die Fläche an der Außenkontur nachziehen und innerhalb der Bleistiftlinie ausschneiden. Sie haben nun genügend Kleberand.

☆ Streichen Sie den Kartonrahmen dünn mit Alleskleber ein, und setzen Sie das Transparentpapier darauf. Eventuell hervorquillenden Klebstoff abrubbeln.

☆ Sind alle Flächen beider Motive farbig hinterlegt, den zweiten, gegengleichen Kartonrahmen rückseitig aufkleben.

☆ Schlitten und Nikolaus im Fenster anbringen und dem Nikolaus eine Kordel „in die Hand" geben.

Liebevoll mit Figuren

Liebevoll mit Figuren

Ob als Mitbringsel oder für zu Hause: Adventsgestecke gehören zur Vorweihnachtszeit wie die Plätzchen und der Stollen. Mit wenig Handgriffen sind die Arrangements oben nachgearbeitet. Kleine Weihnachtsfiguren, bemalte Tannenbäume, Gänse, Sterne und Äpfelchen aus Holz finden Sie in Bastelgeschäften in reicher Auswahl.

☆ Geben Sie in kleine Tontöpfe Steckziegel, und stecken Sie ein paar grüne Zweige ein. Nicht angedrahtete Figuren an Blumendraht befestigen oder mit wenig Klebstoff im Gesteck fixieren. Verteilen Sie Ihre Accessoires laut Foto oder einfach nach Gefühl zwischen den künstlichen Zweigen. Wer frisches Grün benutzt, wässert die Blumensteckmasse.

☆ Ein schlichter Kerzenständer wird mit künstlichen grünen Zweigen und kleinen Figuren zum Blickfang Ihres Tischs oder – zusammen mit kleinen Gestecken – Ihres Eingangsbereichs.

6. Dezember

Geschenke für Genießer

Für das Trüffel-Öl (links)
100 g frische schwarze oder weiße Trüffel,
1/2 l Soja-Öl

Für das Rosen-Öl (Mitte)
2–3 ungespritzte, stark duftende
Freilandrosen, 1/2 l Soja-Öl

Für das Limetten-Ingwer-Öl (rechts)
100 g Ingwer, 2 unbehandelte Limetten,
1/2 l Soja-Öl

Rosen-Öl

✯ Die Rosen mit kaltem Wasser waschen und sehr vorsichtig und sorgsam trockentupfen. Dann die Blüten in ein bauchiges Gefäß geben. Dabei ist darauf zu achten, daß die Blüten nicht zu sehr zerdrückt werden.

✯ Mit dem Soja-Öl aufgießen und mindestens 2 Wochen an einem dunklen und kühlen Ort ziehen lassen.

✯ Danach die Rosen unbedingt entfernen, das Öl könnte sonst bitter werden. Gießen Sie es dazu am besten in ein neues Ziergefäß um.

So wird's gemacht:

Trüffel-Öl

✯ Die Trüffel in Scheiben schneiden, in eine Zierflasche geben und mit dem Soja-Öl auffüllen. Flasche zukorken und an einem dunklen, kühlen Ort 2–3 Wochen ziehen lassen. Dieses Trüffel-Öl ist ein überaus kostbares Geschenk, denn frischer Trüffel ist leider sehr teuer.

Limetten-Ingwer-Öl

✯ Den Ingwer waschen und in Scheiben schneiden. Die Schalen der gewaschenen Limetten dünn abschälen.

✯ Beide Zutaten in ein Ziergefäß geben und mit dem Soja-Öl auffüllen. Mindestens eine Woche ziehen lassen.

TIP: Die Öle sind recht lange, wenn auch nicht unbegrenzt haltbar. Nach etwa 3–4 Monaten sollten sie verbraucht sein, da sie sonst etwas bitter werden können.

54

Saucen für Pasta-Freunde

Für die Tomaten-Mandel-Sauce
50 g gehobelte Mandeln,
200 g getrocknete Tomaten,
1 Bund Zitronenmelisse,
1/4 l Soja-Öl,
3 EL Korinthen

Für die Auberginen-Knoblauch-Sauce
1 Aubergine (etwa 300 g),
Soja-Öl zum Anbraten,
1 Knoblauchzehe,
1 Bund glatte Petersilie,
1 TL Paprikapulver,
1/4 l Soja-Öl,
Salz, Pfeffer

So wird's gemacht:

Tomaten-Mandel-Sauce

★ Die Mandeln leicht rösten und die Tomaten grob hacken. Anschließend die Zitronenmelisse waschen, trockentupfen und die einzelnen Blättchen von den Stielen abzupfen. Alles mit dem Soja-Öl und den Korinthen gut vermischen.

★ Die Sauce in einem Ziergefäß, das sich gut verschließen läßt, verschenken.

Auberginen-Knoblauch-Sauce

★ Die Aubergine waschen und den Stiel abschneiden. Das Gemüse in fingerdicke Scheiben schneiden und in dem heißen Soja-Öl bei schwacher Hitze von beiden Seiten anbraten, aber nicht zu dunkel werden lassen.

★ Die Knoblauchzehe abziehen und zerdrücken. Nun die Petersilie waschen, trockentupfen und die dicken Stiele entfernen. Alles fein hacken. Alle Zutaten mit dem Soja-Öl vermischen und mit Salz und Pfeffer abschmecken.

★ In ein Ziergefäß füllen, das sich gut verschließen läßt.

TIP: Da das Öl mit frischen Zutaten vermischt wird, sollte es kühl aufbewahrt werden. Dazu eignet sich ein Kühlschrank oder auch ein trockener Vorratskeller recht gut. Die Saucen sind so etwa 4 Wochen haltbar.

6. Dezember

Happen für Kenner

Bunte Biskuithäppchen
Für den Teig 8 Eiweiße, 1 Prise Salz, 8 Eigelbe, 200 g Zucker, 200 g Mehl; für die Füllung 160 g Nougat, 100 g Butter, 2 Eigelbe, 60 g Puderzucker, 140 g Aprikosenmarmelade, 2 EL Aprikosenlikör; zum Verzieren 2 Eigelbe, 200 g Puderzucker, 3–4 TL Zitronensaft, 140 g gemischte, feingehackte kandierte Früchte

Walnuß-Busserl
Für den Teig 250 g Mehl, 1 TL Zimt, 1 TL Backpulver, 1 Messerspitze Muskatpulver, 120 g Margarine, 1 Prise Salz, 1 Ei, 70 g Zucker; zum Verzieren 100 g Zartbitter-Kuvertüre, 100 g halbierte Walnüsse

So wird's gemacht:

Bunte Biskuithäppchen
☆ Für den Teig die Eiweiße mit einer Prise Salz steifschlagen. Die Eigelbe mit dem Zucker und 4 EL lauwarmem Wasser zu einer dicklichen Masse aufschlagen. Eischnee und Mehl vorsichtig unter die Masse heben. Den Teig gleichmäßig dünn auf ein mit Backtrennpapier ausgelegtes Backblech streichen und im vorgeheizten Backofen bei 200 °C (Gas Stufe 3) backen.

☆ Für die Füllung Nougat im Wasserbad erwärmen und wieder abkühlen lassen. Butter, Eigelbe und Puderzucker dickschaumig schlagen. Nougat eßlöffelweise unter die Buttercreme rühren und nochmals mit dem Handgerät aufschlagen.

☆ Die Aprikosenmarmelade mit dem Aprikosenlikör verrühren und erhitzen. Den Teigboden abkühlen lassen und in drei gleich große Längsstreifen schneiden. Einen Boden mit Nougatcreme, den anderen mit der Aprikosenmarmelade bestreichen. Die Böden aufeinandersetzen und gut andrücken.

☆ Für die Verzierung die Eigelbe mit dem Puderzucker und dem Zitronensaft verrühren und auf die Oberfläche des Dreierteiges streichen. Den Guß leicht antrocknen lassen und mit den feingehackten kandierten Früchten bestreuen. Nun die Glasur ganz fest werden lassen und den Kuchen zum Schluß in etwa 3–4 cm große Rechtecke schneiden.

Walnuß-Busserl
☆ Mehl, Zimt, Backpulver und Muskatnuß mischen. Die kalte Margarine in kleine Stücke schneiden und mit den restlichen Zutaten rasch zu einem Mürbeteig verkneten. Den Teig zu einer Rolle mit etwa 3 cm Durchmesser formen, abgedeckt 3 Stunden kalt stellen. Dann von der Rolle 1 cm dicke Scheiben abschneiden und zu Kugeln formen. Diese auf ein mit Backtrennpapier ausgelegtes Backblech setzen und leicht andrücken. Bei 200 °C (Gas Stufe 3) 10 Minuten backen. In der Zwischenzeit die Kuvertüre im Wasserbad schmelzen. Die ausgekühlten Plätzchen mit je 1 TL Kuvertüre verzieren und eine Walnußhälfte aufdrücken.

TIP: Die köstlichen Häppchen eignen sich auch hervorragend als kleine Mitbringsel zu einer Einladung oder als nettes Zwischendurch-Geschenk in der Weihnachtszeit. Für all diejenigen der zu Beschenkenden, die es gerne etwas gehaltvoller lieben: Fügen Sie der Zartbitterkuvertüre der Walnußhappen ein paar Tropfen Rum bei. Auch die Biskuitmasse der bunten Happen kann einen TL Amaretto-Likör oder Rum vertragen – je nachdem, ob es eher etwas süß oder lieber ein wenig herb gewünscht wird. Die Köstlichkeiten einfach in Klarsichtfolie verpacken und mit einem hübschen Band versehen – fertig.

6. Dezember

Kling, Glöckchen, klingelingeling

Kling, Glöckchen, klingelingeling, kling, Glöckchen, kling! Laßt mich ein, ihr Kinder, ist so kalt der Winter, öffnet mir die Türen, laßt mich nicht erfrieren. Kling, Glöckchen, klingelingeling, kling, Glöckchen, kling!

7. Dezember

Es war einmal eine Glocke

Es war einmal eine Glocke,
die machte baum, baum ...
Und es war einmal eine Flocke,
die fiel dazu wie im Traum ...

Die fiel dazu wie im Traum ...
Die sank so leis' hernieder
wie ein Stück Engleingefieder
aus dem silbernen Sternenraum.

Es war einmal eine Glocke,
die machte baum, baum ...
Und dazu fiel eine Flocke,
so leis' als wie ein Traum ...

So leis' als wie ein Traum ...
Und als vieltausend gefallen leis',
da war die ganze Erde weiß,
als wie von Engleinflaum.

Da war die ganze Erde weiß,
als wie von Engleinflaum.

Christian Morgenstern

7. Dezember

Adventliches Stilleben

Material:
1 Tannenzweig, 1 Efeuranke,
1 Blattgrünzweig nach Wahl,
4 Goldsterne mit Holzstab,
1 Goldtanne mit Holzstab,
Servietten mit Weihnachtsmotiv in
Blautönen, 1 Papierdecke mit demselben
Muster, 1 Papierdecke in Rot, 1 großer
flacher Teller, 1 Weihnachtsengel aus Ton
(etwa 20 cm hoch), 3 mittelgroße
Weihnachtskugeln in Mattrot,
2 große Weihnachtskugeln in Mattrot,
3 Weihnachtspäckchen in verschiedenen
Größen (Papier- und Bandfarben sollten
zu den Servietten und Decken passen),
1 Vase, verschiedene Süßigkeiten

So wird's gemacht:

✪ Geben Sie Tanne, Efeuranke und Blattgrün so in eine Vase, daß ein lockeres Arrangement entsteht. Einige Blätter sollten weit nach außen ragen. Nun stecken Sie drei der Goldsterne locker hinein. Die blaue Musterdecke glatt auf einem kleinen Tisch ausbreiten. Die rote Decke legen Sie in lockere Falten wie auf dem Foto quer über die linke hintere Ecke und plazieren darauf die Vase mit dem Grün.

✪ Stecken Sie den Goldbaum in das größte Geschenk, und stellen Sie dieses quer vor die Vase. Den 4. Goldstern ebenfalls davor arrangieren. 3 bis 4 Servietten so auf dem großen Teller verteilen, daß ihr Muster gut zu sehen ist. Stellen Sie jetzt den Engel an den Rand, legen Sie die Weihnachtskugeln und die Süßigkeiten so davor, daß die unterschiedlichen Größen gut miteinander harmonieren – und alles ist fertig!

Advent in Blau und Gold

Material:

1 Buchsbaumkranz, 1 lange Efeuranke,
1 Glasschale mit Fuß und Goldrand,
1 Kerze in Blau,
3 mittelgroße Weihnachtskugeln
in Blau, 1 mittelgroße
Weihnachtskugel in Hochglanzgold,
1 große Weihnachtskugel in Mattgold,
1 Papierdecke in Blau mit goldenen
Sternen, 5 Servietten mit demselben Motiv,
2 Servietten in Weiß mit Goldmuster,
1 Rolle Papierbordüre, (5 cm breit),
in Weiß mit Goldmuster, Geschenkband
(5 cm breit), in Blau mit Goldkante,
1 flacher Teller, mehrere Bethmännchen
oder anderes Gebäck

So wird's gemacht:

☆ Legen Sie zuerst die blaue Decke auf ein Kaminsims oder einen flachen Tisch, möglichst vor einen Spiegel: Dieser reflektiert Ihr Arrangement später auf sehr weihnachtliche Weise. Den Buchsbaumkranz oben einmal mit der Papierbordüre umwickeln, hochkant links hinten aufstellen und das Band in lockeren Spiralen nach vorne laufen lassen. Stellen Sie die blaue Kerze zusammen mit 1 blauen Weihnachtskugel schräg vor dem Kranz, die große mattgoldene Weihnachtskugel daneben auf. Das Papierband etwas zurechtzupfen.

☆ Dann füllen Sie die Glasschale in lockerer Anordnung mit der Efeuranke, den restlichen Weihnachtskugeln und dem blauen Geschenkband, und stellen Sie sie rechts auf. Alle Servietten gemäß Foto oder eigenen Vorstellungen auslegen, Bethmännchen auf den Teller geben und dazwischenstellen.

7. Dezember

Hier darf gesprayt werden

Material:

Tontopf, Sonne und Mond aus Ton, Styroporblöcke, Blechdose, Papier und Bleistift, Bastelmesser, umweltfreundliche FCKW-freie Sprühfarbe „Marabu do it" (für alle Untergründe geeignet) in den gewünschten Farben

So wird's gemacht:

☆ Für den Blumentopf auf einen Kartonstreifen das Karomuster zeichnen und jedes zweite Karo ausschneiden. Fixieren Sie den Streifen auf dem Tontopf; bis auf die ausgeschnittenen Karos muß alles bedeckt sein. Die erste Farbe aufsprühen und trocknen lassen. Dann den Streifen so versetzen, daß die farbigen Flächen bedeckt sind, und die zweite Farbe aufsprühen. Die Sonne wird mit Goldglitter besprüht.

☆ Zeichnen Sie bei den Styroporblöcken mit Hilfe eines Eierbechers mittig einen Kreisausschnitt an. Mit dem Bastelmesser läßt sich Styropor gut schneiden. Bedecken Sie den halben Block mit Papier, und sprühen Sie die gewünschte Farbe auf. Nach dem Trocknen die bunte Fläche bedecken und die Kontrastfarbe aufbringen.

☆ Etwas arbeitsintensiver ist das Fahrrad: Pausen Sie das Motiv von der Abbildung ab, vergrößern Sie es, und schneiden Sie es aus Papier aus. Die Schablone auf den Dosendeckel legen, und den schwarzen Schatten aufsprühen. Nach dem Trocknen die Schablone etwas versetzt auflegen und rot aussprühen.

☆ Sie sind kein Fahrrad-Freak? Der Schatteneffekt rückt auch einfachere Motive und Schriftzüge ins richtige Licht.

Kasperle und Spielzeugkiste

Material:

Fester Karton (oder Versandkarton), Stoffrest, Kordel;
Holz-Spielzeugkiste; Jutesack;
für alle Teile Papier, Bleistift, Bastelmesser,
umweltfreundliche Sprühfarbe
„Marabu do it"
(für alle Materialien geeignet)

So wird's gemacht:

★ Zeichnen Sie die Kontur sowie das Muster des Kasperletheaters auf ein großes Blatt Papier. Die Außenkontur und das Fenster auf den Karton übertragen und zuschneiden. Seitenflügel anritzen und knicken, dann die Front schwarz sprühen. Die blauen, grünen und lilafarbenen Dreiecke entlang der Außenkante (nicht der Mittellinie!) aufschneiden und nach hinten knicken. Legen Sie diese Schablone auf, und sprühen Sie die Dreiecke entsprechend aus.

★ Nun die Schablone abnehmen, die Dreiecke nach vorne klappen und mit Klebestreifen wieder fixieren. Anschließend mit den nebenliegenden (roten und gelben) Dreiecken ebenso verfahren. Für das kleine Motiv oben eine Schablone fertigen und diese entsprechend aussprühen. Zum Schluß den Vorhang anbringen.

★ Für die Spielzeugkiste schneiden Sie die Schriftzüge aus einem Stück Papier aus, und legen dieses als Schablone auf. Decken Sie den unteren Schriftzug ab, und sprühen Sie den Namen aus. Nach dem Trocknen den Namen sowie alle Buchstaben, die eine andere Farbe bekommen sollen, abdecken und Buchstaben für Buchstaben farbig aussprühen.

★ Den Jutesack in derselben Weise herstellen.

7. Dezember

Quarkstollen

200 g Trockenobst, 2 EL Rum,
250 g Speisequark,
150 g Butter/Margarine,
150 g Zucker, 1 TL Bourbon-Vanillezucker,
1/2 TL Salz, abgeriebene Schale von
1 unbehandelten Zitrone,
1/2 TL Zimt, 1 Ei, 350 g Mehl,
100 g Speisestärke,
4 gestrichene TL Backpulver,
100 g Mandelsplitter; Butter zum
Bestreichen, Puderzucker zum Bestäuben

So wird's gemacht:

★ Das Trockenobst in sehr kleine Würfel schneiden und mit dem Rum vermischen. Quark, weiches Fett, Zucker und Vanillezucker, Salz, Zitronenschale, Zimt, Ei, Mehl und Speisestärke sowie das Backpulver in eine Schüssel geben. Alle Zutaten mit einem Handrührgerät zuerst auf der niedrigen und dann auf der höchsten Stufe gut durchkneten. Zuletzt die Mandelsplitter und das eingeweichte Trockenobst hinzufügen und nochmals gut durchkneten, dafür eventuell die Hände benutzen.

★ Nun den Teig zu einem Stollen formen oder in eine gefettete Stollenform drücken. Den Stollen auf ein mit Backtrennpapier ausgelegtes Backblech geben oder die Form auf ein Backgitter stellen und im vorgeheizten Backofen bei 175–200 °C (Gas Stufe 2–3) etwa 60 Minuten backen. Die Butter schmelzen.

★ Den noch heißen Stollen sofort nach dem Backen mit der flüssigen Butter bestreichen und mit Puderzucker bestäuben. Diesen Vorgang drei- bis viermal wiederholen – je mehr Butter-Puderzucker-Lagen es gibt, desto saftiger und frischer bleibt der Stollen.

Großmutters Stollen

★★★★★★★★★★★★★★★★

1 kg Mehl, 100 g Hefe,
300 ml Milch, 200 g Zucker,
1 Prise Salz, Saft und Schale
von 2 unbehandelten Zitronen,
200 g Butter, 200 g Butterschmalz,
einige Tropfen Rum-Aroma,
250 g Sultaninen, 250 g Rosinen,
500 g gehackte Mandeln
100 g Butter und 3 EL Puderzucker
zum Bestreichen

★★★★★★★★★★★★★★★★

So wird's gemacht:

★ Mehl, fein zerbröckelte Hefe, Milch, Zucker, Salz, Zitronensaft und -schale, weiche Butter und weiches Butterschmalz in die Schüssel einer Küchenmaschine geben und mit dem Knethaken zu einem glatten Teig verarbeiten (anfangs eine kleine, später eine hohe Schaltstufe wählen). Den Teig eventuell noch mit den Händen nachkneten. Hefeteig abgedeckt an einer warmen Stelle gehen lassen, bis er sein Volumen verdoppelt hat. Anschließend Rum-Aroma, Sultaninen, Rosinen und Mandeln unterkneten.

★ Den Teig zum Stollen formen, auf ein mit Backtrennpapier ausgelegtes Backblech geben und zugedeckt nochmals gehen lassen. Den Stollen zurechtformen, mit der Hand in der Mitte der Länge nach eine Mulde eindrücken, eine Seite zu 3/4 über die andere schlagen und nach innen einrollen.

★ Den geformten Stollen nochmals gehen lassen. Im vorgeheizten Backofen bei 220 °C (Gas Stufe 4) 60 Minuten backen. Nach dem Backen den noch heißen Stollen mit zerlassener Butter einstreichen und mit Puderzucker bestäuben.

★ Diesen Vorgang zwei- bis dreimal wiederholen, damit eine schöne Zuckerkruste entsteht.

7. Dezember

Ich steh' an deiner Krippe hier

Ich steh' an deiner Krippe hier, o Jesulein, mein Leben, ich komme, bring' und schenke dir was du mir hast gegeben. Nimm hin, es ist mein Geist und Sinn, Herz, Seel' und Mut, nimm alles hin und laß dir's wohlgefallen.

Ich lag in tiefster Todesnacht,
du wurdest meine Sonne,
die Sonne, die mir zugelacht,
Licht, Leben, Freud' und Wonne.
O Sonne, die das werte Licht
des Glaubens in mir zugericht',
wie schön sind deine Strahlen.

8. Dezember

Erinnerung ans Christkind

Es ist eine solche grimmige Kälte hier in Versailles, daß es nicht auszusprechen ist. Ich sitze bei einem großen Kaminfeuer, habe einen Schirm vor der Türe, einen Zobelpelz auf dem Hals, einen Bärensack auf meinen Füßen, und allebenwohl zittere ich vor Kälte und kann kaum die Feder halten. Mein Lebtagelang habe ich nicht einen so rauhen Winter erlebt wie diesen. Der Wein gefriert in den Bouteillen. Ja, sogar in Deutschland habe ich nicht einmal einen solchen Winter durchmachen müssen.

★ ★ ★

Alle Tage sterben hier viele Leute vor lauter Kälte. Kein Mensch, so alt er auch sein mag, kann sich erinnern, einen solchen Frost erlebt zu haben. In Paris wird kein Schauspiel mehr aufgeführt, kein Prozeß kann durchgehalten werden, niemand kann mehr ins Palais gehen. Die Präsidenten und Ratsherren auch nicht. Niemand kann mehr in der Kutsche fahren, alles muß zu Fuß gehen. So ein Glatteis ist das. Alle Tage hört man von Leuten, die Arme und Beine gebrochen haben, und es gibt kein Haus hier herum, in dem nicht Kranke liegen. Die am gesündesten sind, haben den Schnupfen oder den Husten.

★ ★ ★

Wie schön muß es da jetzt bei Euch in Deutschland sein. Hoffentlich habt Ihr am Hof zu Hannover die schöne Weihnachtssitte nicht abgeschafft. In meiner Jugend, da sangen wir, wenn das Fest kam:

Vom Himmel hoch da komm ich her,
ich bring euch gute neue Mär.
Der guten Mär bring ich so viel,
davon ich singen und sagen will.

Fortsetzung Seite 74

8. Dezember

Festlich geschmückt in Gold

Ganz klassisch in Gold gehalten sind diese Dekorationen. Auf das oft verwendete Rot wird hier bewußt verzichtet, um eine besonders festliche Wirkung zu erzielen. Statt Weiß sollten Sie einen Cremeton bevorzugen. Alle Materialien erhalten Sie im Hobbyhandel. Zum Kleben wird eine Heißklebepistole benutzt. Alternativ können Sie transparenten Klebstoff verwenden.

Bärengesteck

Material:

1 Bärenpaar mit Geschenken,
3 goldene Holzsterne,
1 Beerenzweig,
3 Salignumzapfen,
2 Zimtstangen,
1 grünes Lotusblatt,
2 Kiefern-, 3 Blaukiefernzweige,
Steckziegel,
Blumen-Stieldraht,
Pappunterlage (9 x 15 cm),
Klebstoff

So wird's gemacht:

☆ Entfernen Sie den Stiel des Lotusblattes, fixieren Sie es auf der Pappunterlage, und setzen Sie den Steckziegel darauf. Jetzt beginnen Sie mit dem Aufbau Ihres Gestecks gemäß dem Foto oder eigenen Vorstellungen.

Weihnachtsstern mit Strauß

Material:

1 goldene Rebenmanschette in Sternform,
1 goldener Weihnachtsbeerenzweig,
4 Salignumzapfen,
5 Kiefern- und 3 Blaukiefernzweige,
0,75 m Buchsbaumranke,
etwas Spiralranke,
3 creme-goldene Holzsterne,
1 Sternenkette,
2 grüne geschlitzte Miniorangen,
Apfelsortiment, Kreppwickelband,
Blumen-Stieldraht,
Wickeldraht, Klebstoff

So wird's gemacht:

☆ Binden Sie zunächst einen Strauß: Einige Zweige sowie die Zapfen in die Hand nehmen und nacheinander die weiteren Stiele und Accessoires anordnen. Wenn Ihr Strauß gefällt, binden Sie die Stielenden zusammen. Den Strauß in die Mitte des Sterns setzen und mit den restlichen Dekorationselementen ergänzen. Viele Materialien lassen sich viel einfacher festkleben als einbinden.

Festlich geschmückt in Gold

Adventsleuchter

Material:

1 Kerzenständer „Baum",
4 weiße Stabkerzen, 17 goldene Holzsterne,
7 creme-goldene Holzsterne in
zwei Größen, 6 Salignumzapfen,
4 Kiefern-, 2 Blaukiefernzweige,
1 goldener Beerenzweig,
0,5 m Lärchenranke,
Blumen-Stieldraht, Klebstoff

So wird's gemacht:

☆ Umwickeln Sie das Mittelteil des Kerzenständers mit Lärchenranke, und stecken Sie die übrigen grünen Zweige fest. Den Kerzenständer gemäß dem Foto mit den weiteren Accessoires versehen. Viele Kleinteile lassen sich besser festkleben als -stecken.

8. Dezember

Himmlische Träume

Über diese gefärbte Bettwäsche freuen sich nicht nur Kinder! Sie können auch bunte Baumwollwäsche bedrucken und bemalen.

Material:

Baumwoll-Bettbezüge,
Marabu Textilbunt
in Hellgelb und Azurblau, pro Färbung
1 kg Salz, Textil-Mal- und Druckfarbe
in Blau und Kartoffeln für das Kissen,
Textil-Magic-Liner in Gelb für die Decke,
Karton für die Schablonen

So wird's gemacht:

✫ Färben Sie das Kissen in Hellgelb (Vollton), die Decke in Azurblau laut Anweisung des Herstellers. Die Farbe hinterläßt keine Rückstände in der Waschmaschine.

✫ Vor dem Bemalen die Wäschestücke bügeln. Die Sterne auf dem Kissen wurden im Kartoffeldruck gearbeitet. Halbieren Sie eine Kartoffel, und schneiden Sie aus der Schnittfläche die Sternkontur aus. Am einfachsten geht dies mit einem Ausstecherförmchen: Das Förmchen knapp 1 cm tief in die Kartoffel drücken und mit dem Messer am unteren Ende des Förmchens die Kartoffel einschneiden, so daß der Stern als Stempel stehen bleibt. Diesen mit Farbe einstreichen und auf das Kissen drücken.

Wichtig: Legen Sie zwischen Kissenvorder- und -rückseite eine Lage Zeitungspapier, damit die Farbe nicht durchdrückt.

✫ Für die Decke Sternmotive und Halbmond aus Kartonrest ausschneiden. Ziehen Sie die Konturen zügig mit dem Magic-Liner nach.

Extravagante Seidenkissen

Material:

Für jedes Kissen 45 x 85 cm Organzaseide, ein helles Einziehkissen (40 x 40 cm), Nähgarn, Marabu-Silk Seidenmalfarbe (bügelfixierbar) in 4 Farben (siehe Anleitung), Haarpinsel, farbloses Konturenmittel aus der Tube

So wird's gemacht:

✭ Die Nahtzugabe beträgt 2,5 cm. Markieren Sie die Mitte Ihres Seidenstreifens (42,5 cm), und ziehen Sie mit dem Konturenmittel eine Trennungslinie. Die spätere Vorderseite wird durch je eine Linie (Konturenmittel) in Länge und Breite halbiert, so daß vier Flächen entstehen.

✭ Am Beispiel des mittleren Kissens wird die weitere Vorgehensweise erklärt:

✭ Malen Sie die erste Fläche in Gelb, die rechts daneben in Rot, die darunter in Rotorange, die vierte in Mandarine aus. Nach dem Trocknen der Farbflächen für die 3 cm breiten Streifen mit Konturenmittel folgende Linien ziehen: zwischen Gelb und Mandarine im gelben Farbfeld; zwischen Gelb und Rot im roten Feld, zwischen Rot und Rotorange im Rotorange-Feld; zwischen Rotorange und Mandarine im Mandarine-Feld.

✭ Sie haben jetzt in jedem Farbfeld einen Streifen abgeteilt. Diesen mit der neben ihm liegenden Farbe übermalen: den gelben mit Mandarine, den mandarinefarbenen mit Rotorange, den rotorangegefarbenen mit Rot, den roten Streifen mit Gelb.

✭ Abschließend die Kissenrückseite einfarbig gestalten. Nach dem Fixieren nähen Sie die Kissenhüllen.

8. Dezember

Schwedischer Teepunsch

Zutaten:

150 g weißer oder Rohzucker,
1 Flasche (0,7 l) kräftiger Rotwein,
1 Zimtstange,
1/4 TL gemahlener Ingwer,
6–8 Gewürznelken,
fein abgeriebene Schale von
2 unbehandelten Orangen, 6 TL schwarzer
Tee (mögl. Assam, nicht aromatisiert),
2 TL getrocknete Orangenblüten

So wird's gemacht:

☆ Den Zucker in einem Chromstahltopf einmal heiß werden lassen, Topf von der heißen Herdplatte ziehen und mit Rotwein ablöschen. Gewürze und Orangenschale hinzufügen und bei kleiner Hitze so lange ziehen lassen, bis der Zucker vollständig aufgelöst ist. Den Sud in eine Flasche abfüllen und gut verschlossen im Kühlschrank aufbewahren, bis er benötigt wird. Er hält dort 1 bis 2 Wochen. Schwarztee und Orangenblüten in den Teefilter geben und auf eine vorgewärmte Teekanne stellen. Mit 3/4 l siedendheißem Wasser aufgießen und etwa 7 Minuten ziehen lassen. Den Tee bis gut zur Hälfte in vorgewärmte Teetassen oder Teegläser verteilen. Gewürzten Wein erneut erhitzen. Pro Tasse 1/2 bis 1 dl heißen Würzwein aufgießen.

TIP: Ein Teelöffel Rosinen, Korinthen oder gestiftelte Mandeln paßt als Zusatz zum Punsch. Damit die Gewürze im Tee besonders gut zur Geltung kommen, sollten Sie nur unparfümierte Tees ohne andere Zusätze aufbrühen. Erst durch das heiße Wasser entfalten sich die Teeblätter und geben ihre Wirk- und besonderen Aromastoffe frei.

Hagebuttenpunsch

Zutaten:

1 EL Rosinen, 1 EL Korinthen,
2 EL abgezogene gehackte Mandeln,
abgeriebene Schale von
1 unbehandelten Zitrone,
4 Aufgußbeutel Hagebuttentee,
2 EL Zitronensaft, 4 EL Traubenzucker
(z. B. Dextro Energen);
zum Verzieren eignen sich Zitronenscheiben, Rosinen, Korinthen, Mandeln,
Zimt oder andere weihnachtliche Gewürze

TIP: Besonders hübsch sieht es aus, wenn Sie zwei etwa 15 cm lange Zimtstangen oben mit Golddraht zusammenwickeln und als Rührstäbchen in das Punschglas stellen.

✯ Ein Hauch von Orient kommt auf, wenn Sie je eine Prise Kardamom und Koriander zusätzlich auf den Tee streuen.

✯ Vielen Genießern ist ein weihnachtlicher Tee ohne Sternanis nicht vorstellbar. Die etwa markstückgroßen hartgetrockneten Sterne bekommen Sie in jedem gutsortierten Gewürzhandel oder in guten Supermärkten.

So wird's gemacht:

✯ 1/2 l Wasser mit Rosinen, Korinthen, Mandeln und Zitronenschale zum Kochen bringen und den Hagebuttentee darin ziehen lassen. Nach etwa 5–7 Minuten das Getränk abgießen und mit Zitronensaft und dem Traubenzucker abschmecken. Nun den Hagebuttenpunsch möglichst heiß in vorgewärmte Gläser füllen, eine Scheibe Zitrone daraufsetzen, ein paar Rosinen, Korinthen und Mandeln hinzufügen und leicht mit Traubenzucker und Zimt bestäubt servieren.

8. Dezember

Erinnerung ans Christkind

Fortsetzung von Seite 67

Dann sahen wir die schönen gedeckten Tafeln mit Buchsbaum und kleinen Wachslichtern und allerhand farbigem Zuckerwerk bestreut. Ich weiß nicht, ob ihr auch das Weihnachtsspiel kennt, das man noch in Deutschland betreibt? Dies nennt man das Christkindel, was soviel heißt wie das Christkind. Wo man Tische wie Altäre herrichtet, die man dann für jedes Kind mit allerlei Dingen ausstattet: neuen Kleidern, Silberzeug, Geld, Seide, Puppen, Zuckerwerk und allen möglichen Sachen.

Auf diese Tische stellt man die Buchsbäume, und an jedem Zweig befestigt man eine kleine Kerze. Das sieht allerliebst aus. Ach, ich als alte Frau möchte das so gerne mal wieder sehen. Ich erinnere mich, daß, als ich zu Hannover das letzte Mal das Christkindel miterlebt habe, man auch Schüler kommen ließ, die eigens ein Stück aufführten. Zuerst kam der mit dem Stern, dann erschien der Teufel mit den Engeln. Und schließlich trat der Herr Jesus Christus selber auf mit Petrus und den anderen Aposteln. Da beschwerte sich der Teufel über die Kinder und verlas alle ihre Missetaten aus einer großen Liste.

Dann erhob Christus seine Stimme und sagte: „Ihr Kinder, ich bin eigens gekommen, um euch heute an meinem Geburtstage zu beschenken. Wenn ihr aber so ungezogen seid, will und kann ich nicht länger bei euch bleiben." Da tritt der Engel hervor und spricht: „Lieber Herr Jesus Christus! Diese Kinder mögen wohl böse und garstig gewesen sein, aber sie wollen sich bessern." Und auch Petrus stimmte in diese Fürbitte ein. So muß denn der Heiland in seiner Güte den Kindern alles verzeihen.

Darauf nehmen der Engel und Petrus die Kinder bei der Hand und führen sie zu ihren Gabentischen. Ich selber wurde von Petrus geführt und erkannte wohl, daß es ein Schüler mit angeklebtem Bart war. Ich ahnte auch die ganze Schelmerei und durchschaute sie. Aber trotzdem, wenn ich heute noch einmal mitten dabei sein könnte, ich würde mich genauso freuen und glücklich sein, wie damals in Hannover.

Lieselotte von der Pfalz

9. Dezember

Knecht Ruprecht

Ruprecht:
Von drauß' vom Walde komm ich her;
ich muß euch sagen, es weihnachtet sehr!
Allüberall auf den Tannenspitzen
sah ich goldene Lichtlein sitzen;
und droben aus dem Himmelstor
sah mit großen Augen das Christkind hervor,
und wie ich so strolcht' durch den finstern Tann,
da rief's mich mit heller Stimme an:
„Knecht Ruprecht", rief es, „alter Gesell,
hebe die Beine und spute dich schnell!
Die Kerzen fangen zu brennen an,
das Himmelstor ist aufgetan,
Alt' und Junge sollen nun
von der Jagd des Lebens einmal ruhn;
und morgen flieg' ich hinab zur Erden;
denn es soll wieder Weihnachten werden!"
Ich sprach: „O lieber Herre Christ,
meine Reise fast zu Ende ist;
ich soll nur noch in diese Stadt,
wo's eitel gute Kinder hat."
– „Hast denn das Säcklein auch bei dir?"
Ich sprach: „Das Säcklein, das ist hier:
Denn Äpfel, Nuß und Mandelkern
essen fromme Kinder gern."
„Hast denn die Rute auch bei dir?"
Ich sprach: „Die Rute, die ist hier;
doch für die Kinder nur, die schlechten,
die trifft sie auf den Teil, den rechten."
Christkindlein sprach: „So ist es recht.
So geh mit Gott, mein treuer Knecht!"

Von drauß' vom Walde komm ich her;
ich muß euch sagen, es weihnachtet sehr!
Nun sprecht, wie ich's hierinnen find!
Sind's gute Kind, sind's böse Kind?

Vater:
Die Kinder sind wohl alle gut,
haben nur mitunter was trotzigen Mut.
Ruprecht:
Ei, ei, für trotz'gen Kindermut
ist meine lange Rute gut!
Heißt es bei euch denn nicht mitunter:
Nieder den Kopf und die Hosen herunter?
Vater:
Wie einer sündigt, so wird er gestraft;
die Kinder sind schon alle brav.
Ruprecht:
Stecken sie alle die Nas' auch tüchtig ins Buch,
lesen und schreiben und rechnen genug?
Vater:
Sie lernen mit ihrer kleinen Kraft;
wir hoffen zu Gott, daß es endlich schafft.
Ruprecht:
Beten sie denn nach altem Brauch
im Bett ihr Abendsprüchlein auch?
Vater:
Neulich hört' ich im Kämmerlein
eine kleine Stimme sprechen allein,
und als ich an die Tür getreten,
für alle Lieben hört' ich sie beten.
Ruprecht:
So nehmt denn Christkindleins Gruß,
Kuchen und Äpfel, Äpfel und Nuß;
probiert einmal von seinen Gaben;
morgen sollt ihr was Besseres haben!
Dann kommt mit seinem Kerzenschein
Christkindlein selbst zu euch herein.
Heut hält es noch am Himmel Wacht;
nun schlafet sanft, habt gute Nacht!

Theodor Storm

9. Dezember

Teelicht-Dekorationen

Material:

*Wellpappe wie auf dem Foto,
für den Mond 4, für die Sterne je Etage
5 Wattekugeln mit 25 mm Durchmesser,
Metallic-Farbe in Gold, Silber und Kupfer,
Pinsel, Zahnstocher, Bastelmesser,
Pappe zum Unterlegen, Teelichtgläser,
Uhu Klebepistole
sowie glitter-color Klebepatronen in Gold,
Silber und Rot oder Glitterpaste*

So wird's gemacht:

★ Die Motive auf Papier zeichnen oder vom Bild unten abpausen und vergrößern. Der große Stern hat 23 cm Durchmesser, der Mond mißt 25 x 18 cm. Für die obere Etage die Konturen gut 1 cm weiter innen nachziehen; für die 3. Etage dies wiederholen. Übertragen Sie jede Größe auf Wellpappe, und schneiden Sie diese zu. Bei den oberen Etagen die Kreise mit dem Teelichtglas anzeichnen und ebenfalls ausschneiden.

★ Wattekugeln auf Zahnstocher stecken, mit Metallic-Farbe bemalen und zum Trocknen aufstellen (in Styropor oder ähnliches stecken). Ziehen Sie die Konturen der Zuschnitte mit der Heißklebepistole nach. Für den Farbwechsel die Gold- und Silberpatronen in 5 cm lange, die rote Patrone in 1 cm lange Stücke schneiden und diese Abschnitte in der Farbfolge Gold, Rot, Silber, Rot, Gold, Rot usw. in die Klebepistole einsetzen. Die Pistolenmündung etwa 5 mm über die Wellpappe führen und nicht aufsetzen. Sie können die Konturen der Motive auch sehr gut mit Glitterpaste nachziehen. Unter die obere Etage die Wattekugeln kleben und die untere Etage gegensetzen.

Schneemänner überall

Schneemänner überall

Material:

1,62 m fadengerades Leinenband, Sticknadel Nr. 22 ohne Spitze, Anchor Sticktwist in den angegebenen Farben: 2 Stränge der Farbe 398, 5 Stränge der Farbe 2, ansonsten je 1 Strang. Kaufen Sie Stickband immer im Fachgeschäft.

So wird's gemacht:

☆ Gestickt wird 3fädig: Beginnen Sie etwa 52 cm vom Bandende, und wiederholen Sie den Rapport 2mal (Augen hellgrau sticken). Als Endmotiv den ersten Schneemann nochmals sticken. Zum Schluß die Bandenden zu Spitzen ausarbeiten.

	398		147		267		891		403
	144		9046		375		8		2

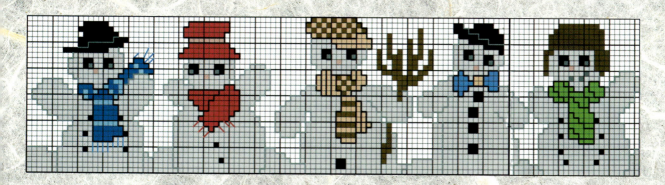

9. Dezember

Modellierte Kunstwerke

Wie handgetöpfert wirken die Geschenkideen auf der rechten Seite, doch der Schein trügt: Die benutzte Modelliermasse mit dem Toneffekt trocknet an der Luft, nicht im Brennofen.

Material:

Modelliermasse efaplast
terrakotta und weiß,
Modellierstäbchen,
Wellholz, Wasser;
für die Blumenstecker einen Stab,
Messingdraht,
für die Schale eine Tonschale,
für die Früchte Alufolie
oder Styroporkugel

So wird's gemacht

✯ Als Arbeitsunterlage sollten Sie Folie oder eine Plastiktüte benutzen: So schonen Sie Ihre Arbeitsfläche, und die Objekte lassen sich leicht von der Unterlage lösen. Stellen Sie auch immer ein Schälchen Wasser zum Anfeuchten von Händen und Werkzeug bereit.

✯ Beim Arbeitsbeginn die Modelliermasse weichkneten. Zum Einritzen von Mustern benutzen Sie am besten Modellierstäbchen. Kreise lassen sich gut mit einem Stift eindrücken.

Für die *Blumeneinstecker* rollen Sie Modelliermasse 1 cm dick aus und schneiden die Grundform zu. Elemente wie die Flügel der Gans, das mittlere Blütenteil sowie die Augenbrauen und Wangen des Mondes aus entsprechenden Plattenzuschnitten, kleinen Wülsten und Kugeln aufsetzen. Die Sonne wird mit Strahlen ausgeschnitten. Auf die Mitte einen Kreiszuschnitt legen, um die plastische Wirkung zu erreichen.

✯ Verstreichen Sie die Übergänge der aufgesetzten Elemente stets gut, damit sich die Lagen gut verbinden. Mit Hilfe der Modellierstäbchen die Objekte ausarbeiten.

✯ Für die Stiele der Blumenstecker rückseitig eine Halterung anbringen. Bei dicken Objekten kann der Stiel auch eingearbeitet werden.

✯ Die Zimtstangen wirken besonders naturgetreu, wenn Sie eine dünne Platte mit unregelmäßigen Rändern aufrollen. Einige dieser Rollen vorsichtig aneinanderdrücken und das „Bündel" ausmodellieren.

✯✯✯✯✯✯✯✯✯✯✯✯

Für die *Schale* wurde als Grundlage ein Tontopf benutzt, auf den modellierte Blüten gesetzt werden. Das Band besteht aus zwei dünnen, miteinander verdrehten Wülsten.

✯ Legen Sie eine dickere Platte auf einen Teller, um die gewünschte Form zu erhalten. Einzelne Elemente mit andersfarbiger Modelliermasse aufsetzen und Muster einritzen.

✯ Dickere Objekte wie das Obst benötigen einen „Innenbau": Sowohl eine Styroporkugel als auch eine Kugel aus Alufolie kann mit Modelliermasse umkleidet und ausgearbeitet werden. Stiele ansetzen und gut verstreichen.

✯ Fertig modellierte Objekte mehrere Tage trocknen lassen, dabei immer wieder drehen, damit auch die Standflächen trocknen können. Die trockene Modelliermasse läßt sich ähnlich wie Gips durch Schaben, Feilen oder Schleifen bearbeiten. Ihre fertigen Objekte können Sie ganz nach Gefallen mit Tempera, Acrylfarbe oder Klarlack bemalen.

✯ Sehr schöne Effekte erzielen Sie auch mit etwas Kupfer- oder Messingdraht.

9. Dezember

Kokosnuß-Stollen

So wird's gemacht:

☆ Alle Zutaten müssen Zimmertemperatur haben. Mehl in eine Schüssel geben und eine Mulde hineindrücken. Hefe zerbröckeln und mit 1 TL Zucker und 2 EL lauwarmer Milch anrühren. Alles in die Mulde gießen, mit etwas Mehl verrühren und 10 Minuten zugedeckt an einem warmen Platz gehen lassen. Dann mit der restlichen Milch, Zucker, Ei, Kokosflocken und Butter verkneten. Zugedeckt an einem warmen Platz weitere 45 Minuten gehen lassen.

☆ Für die Füllung Mandeln und Haselnüsse grob hacken, Trockenobst fein schneiden und mit Marzipan, den Kokosflocken und der Sahne verkneten. Den Hefeteig zu einem Rechteck formen, bei dem die Längsseiten wesentlich dicker sind. Die Füllung gleichmäßig darauf verteilen. Dann die Längsseiten übereinanderschlagen und fest andrücken.

☆ Den Stollen auf ein mit Backtrennpapier ausgelegtes Backblech setzen und im Ofen bei 180 °C (Gas Stufe 2–3) 40 Minuten backen. Noch heiß mehrmals mit der flüssigen Butter bepinseln und die Kokosflocken aufstreuen. Diese leicht andrücken, damit sie auf der erkaltenden Butter gut haften bleiben.

Für den Teig 500 g Mehl,
1 Würfel frische Hefe,
100 g Zucker,
1/8 l Milch, 1 Ei,
100 g Kokosflocken,
150 g Butter

★★★

Für die Füllung
50 g geschälte Mandeln,
50 g Haselnüsse,
100 g Backpflaumen,
50 g getrocknete Aprikosen,
100 g Marzipan,
50 g Kokosflocken,
100 ml Sahne;
zum Bestreichen
100 g flüssige Butter,
zum Bestreuen
150 g Kokosflocken

Gefüllter Honigkuchen

Für den Teig
500 g Honig, 1/8 l Soja-Öl,
250 g Zucker, 700 g Mehl (Type 550),
1 Päckchen Backpulver,
250 g gemahlene Mandeln,
2 TL Zimt,
1 Päckchen Vanillezucker,
je 1 Messerspitze Kardamom,
Ingwer, Anis, gemahlene Muskatnuß,
1 Prise Salz, 1 Eigelb, 2 Eier

★ ★ ★

Für die Füllung
400 g Marzipanrohmasse,
150 g gesiebter Puderzucker, 1 Eiweiß,
zum Bestreichen und Verzieren
3 EL Dosenmilch,
200 g abgezogene ganze Mandeln,
je 100 g Belegkirschen und Zitronat

So wird's gemacht:

☆ Honig mit Soja-Öl und dem Zucker unter Rühren erhitzen, bis der Zucker aufgelöst ist. Die Masse abkühlen lassen. Das Mehl mit dem Backpulver, den gemahlenen Mandeln und den Gewürzen mischen und mit den Eiern verrühren. Die Honigmasse dazugeben und alles gut verkneten. Den Teig mindestens 1 Stunde im Kühlschrank ruhen lassen. Die Zutaten für die Füllung zu einer geschmeidigen Masse verkneten. Ein Backblech einölen.

☆ Die Hälfte des Teiges mit bemehlten Händen gleichmäßig auf das Blech drücken und glattstreichen. Marzipanmasse in der Größe des Bleches ausrollen und auf den Teig legen. Die andere Teighälfte gleichmäßig darauf verteilen und glattstreichen. Dosenmilch und Eigelb verrühren und die Teigoberfläche damit bepinseln. Mit dem Messer 6 x 6 cm große Quadrate einritzen, jedes Quadrat mit den Mandeln, den Kirschen und dem Zitronat verzieren. Im vorgeheizten Backofen bei 200 °C (Gas Stufe 3) 35 Minuten backen.

9. Dezember

Kommet, ihr Hirten

Kommet, ihr Hirten, ihr Männer und Fraun! Kommet, das liebliche Kindlein zu schaun! Christus, der Herr, ist heute geboren, den Gott zum Heiland euch hat erkoren. Fürchtet euch nicht!

Lasset uns sehen in Bethlehems Stall, was uns verheißen der himmlische Schall; was wir dort finden, lasset uns künden, lasset uns preisen in frommen Weisen! Halleluja!

Wahrlich, die Engel verkündigen heut Bethlehems Hirtenvolk gar große Freud. Nun soll es werden Friede auf Erden, den Menschen allen ein Wohlgefallen! Ehre sei Gott!

10. Dezember

Niklas ist ein braver Mann

Niklas ist ein braver Mann.
Bringt den kleinen Kindern was,
die großen läßt er laufen,
die können sich was kaufen.

Niklas, Niklas, guter Mann,
zieh die Sonntagsstiefel an,
reis damit nach Spanien,
kauf Äpfel und Kastanien,
laß die Großen laufen,
die können sich was kaufen.

Heiliger Sankt Nikolaus,
komm in meines Vaters Haus!
Leg mir schöne Sachen ein,
will ein braves Bübchen sein.

Niklas, komm in unser Haus,
Schütt dein goldig Säcklein aus,
Stell den Esel an den Mist,
Daß er Heu und Hafer frißt.

Ruprecht, Ruprecht, guter Gast,
Hast du mir was mitgebracht?
Hast du was, dann setz dich nieder,
Hast du nichts, dann geh nur wieder!

Wo die Kinder folgen gern,
da bring ich Nuß und Mandelkern,
Äpfel, Birnen, Hutzeln und Schnitz
für den Hansl und Heiner,
für den Franzl und Fritz.

Holler, boller, Rumpelsack,
Niklas trug sein Huckepack,
Weihnachtsnüsse, gelb und braun,
runzlich, punzlich anzuschaun.

Knackt die Schale, springt der Kern,
Weihnachtsnüsse ess' ich gern.
Komm bald wieder in mein Haus,
alter guter Nikolaus.

10. Dezember

Bärengruß für die Tür

Material:

Tannen- und Kiefernzweige,
rote Ilexbeeren,
4 m rotkariertes Schleifenband,
2 verschieden große kleine und 1 großer
Bär mit Sternenbogen, Blumendraht,
Klebstoff, Zange.
Das Set gibt es auch als Bastelpackung
von Knorr hobby

So wird's gemacht:

☆ Blumendraht zu zwei dicken Drähten mit etwa 30 cm Länge verdrehen und Tannenspitzen daran befestigen; an einem Ende jeweils etwa 10 cm Draht überstehen lassen. Beide Gebinde durch das Verdrehen der Drahtenden miteinander verbinden; die Spitzen weisen jeweils nach außen, 5 cm Draht bleiben (mittig) frei. Das Gebinde zum Bogen formen, Kiefernspitzen zuschneiden und verteilt auf die Mitte kleben.

☆ Der große Bär wird mit Klebstoff in der Bogenmitte angebracht. Bei den kleinen Bären entfernen Sie den Sternenbogen mit einer Zange und ziehen die Sterne vom Draht ab. Durch die Ösen der Bärchen Karoband ziehen, Schleifen binden und die Bärchen rechts und links auf den Bogen kleben. Kleine Bündel Ilexbeeren verteilt mit Klebstoff anbringen.

☆ Zum Aufhängen befestigen Sie ein 50 cm langes Stück Karoband rückseitig des großen Bären am Draht und kleben es an der Mütze fest. Aus dem restlichen Band legen Sie 2 Schlaufen und 5 verschieden lange Stücke zu einem Bündel und kleben dieses rückseitig fest.

☆ Die kleinen Sternchen auf Bogen und Bänder verteilen und mit Klebstoff anbringen.

Schmucke Türkränze

Material:

Für die kleinen Kränze jeweils einen kleinen Beerenkranz mit 19 cm Ø, 2 Tannenzweige, 1,5 m rotkariertes Band, 1 m Jutestreifen, 1 Papier-Grasstern; für den Nikolauskranz einen fertigen Tannenkranz, 1 Jute-Nikolaus, 1 Jutesack, Schneebeerenbund, 1 Weihnachts-Apfelbund, 1 roter Beerenbund, Salignumzapfen, 3 m rotkariertes Band, 2 Bund Tannenzapfen, 1 Tannenzweig, Leinenfasern und Handarbeitsbast (naturfarben), Blumendraht, Klebstoff. Alle Zubehörteile gibt es in Hobbygeschäften

So wird's gemacht:

✭ Beerenkränze sind bereits mit etwas Grün ausgestattet; sie werden mit zusätzlichen Tannenzweigen versehen, damit sie „grüner" werden. Auf den Jutestreifen Karoband legen und beides zusammen rückseitig am Kranz festkleben.

✭ Befestigen Sie den Stern ebenfalls mit Kleber, und binden Sie die Bänder mit einem Stück Karoband zusammen.

✭ Beginnen Sie für den Nikolauskranz mit dem Jutesäckchen, das Sie mit einem kleinen Gesteck ausstaffieren. Oben am Kranz rückseitig Aufhängeband feststecken und -kleben, unten Leinenfasern, Bast und eine Schleife anbringen.

✭ Setzen Sie den Nikolaus in die Kranzmitte, und bringen Sie nun das Jutesäckchen an. Die restlichen Dekorationsartikel verteilen und festkleben.

✭ Sie können auch selbstgebunde Kränze in dieser Weise dekorieren.

10. Dezember

Schokoladentrüffel

75 ml Sahne, 250 g Milchschokolade,
50 g Erdnußkerne, 1/2 TL Vanillezucker,
Kakaopulver, ungesalzene und
geröstete Erdnüsse

So wird's gemacht:

☆ Die Sahne in eine kleine Kasserolle geben und einmal kurz aufkochen. Den Topf von der Kochstelle nehmen. Die Schokolade in Stücke brechen und unter ständigem Rühren in der heißen Sahne auflösen. Erdnußkerne hacken und zusammen mit dem Vanillezucker unter die Schokoladenmasse ziehen.

☆ Alles in eine Schüssel umfüllen und für 2 Stunden kalt stellen. Nun die Masse in 20 möglichst gleich große Stückchen teilen. Diese zwischen den Händen so rasch es geht zu kleinen Bällchen formen, da die Masse durch die Wärme der Hände schnell wieder ganz weich wird. Die eine Hälfte der Trüffel in Kakaopulver wälzen, die andere Hälfte in den ungesalzenen und gehackten Erdnüssen.

☆ Zum Schluß alle Trüffel in hübsche Pralinenmanschetten setzen.

TIP: Die Trüffel halten sich im Kühlschrank etwa 2 Wochen. Damit sie bei der Lagerung nicht miteinander verkleben, legen Sie sie vorsichtig zwischen Lagen von Klarsichtfolie in eine kleine Plastikdose. So können Sie bei Bedarf genau die Zahl entnehmen, die Sie Ihren Gästen oder auch sich selber anbieten möchten.

☆ Übrigens: Auch in fein gesiebtem Puderzucker gewälzt sehen die Trüffel sehr appetitlich aus – und passen gut zu den dunklen Kakaokugeln.

Caramelfudge

300 g Zucker, 1/4 l Sahne (30% Fett),
1 Vanilleschote, 30 g Sonnenblumenkerne,
1 EL Butterschmalz

So wird's gemacht:

✯ 100 g Zucker schmelzen und hell karamelisieren lassen. Den Topf von der Herdplatte nehmen. Nun die Sahne und den restlichen Zucker dazuschütten. Die Vanilleschote aufschneiden und mit dem Rücken eines Messers das Mark herauskratzen. Dieses auf die Masse geben.
✯ Den Karamel je nach Topfgröße bei geringer Hitze etwa 30 Minuten kochen lassen, bis sich die Masse vom Topfboden löst. Dabei immer wieder umrühren. In der Zwischenzeit die Sonnenblumenkerne rösten, kleinhacken und in den Topf geben. Eine hitzefeste Form von etwa 10 x 18 cm mit Butterschmalz ausfetten und die heiße Karamelmasse hineingeben.
✯ Alles mehrere Stunden erkalten lassen, dann mit einem in heißes Wasser getauchten Messer in etwa 6 x 10 cm große Stückchen schneiden.

TIP: Das Fudge läßt sich besonders wirkungsvoll verschenken, wenn Sie die einzelnen Stückchen in Klarsichtfolie wickeln, deren beide Enden Sie in sich verdrehen.

✯ Für liebe Freunde läßt sich ein Riesenbonbon herstellen: Wickeln Sie mindestens 10 Karamelstücke einzeln ein, legen Sie diese dann zusammen auf ein großes Stück Klarsichtfolie, und rollen Sie alles zu einem Bonbon. Die Enden üppig überstehen lassen und mit einem Weihnachtsband zusammenbinden.

10. Dezember

Kleine Strudel

Mini-Strudel
Für den Teig 250 g Mehl für Hefegebäck,
1 Prise Salz, 50 g flüssige Butter,
9 EL lauwarmes Wasser;
für die Füllung 2 Eier,
30 g flüssige Butter, 100 g Zucker,
1 Prise Salz, 1 Päckchen Vanillezucker,
1 Päckchen Orangeback,
500 g Magerquark, 2 Dosen
(215 ml) Mandarin-Orangen,
50 g gehackte Pistazien;
flüssige Butter zum Bestreichen,
Puderzucker zum Bestäuben

Stollen mit Nougat-Whisky-Füllung
Für den Teig 1 Würfel Hefe, 75 g Zucker,
1/8 l lauwarme Milch, 500 g Mehl,
1 Päckchen Citroback, 1 Prise Salz,
175 g flüssige Butter, 2 EL Whisky,
25 g gehackte Pistazien;
für die Füllung 400 g Nougat,
3 EL Whisky, 25 g gehackte Pistazien;
75 g flüssige Butter zum Bestreichen,
Puderzucker und gehackte Pistazien
zum Bestreuen

So wird's gemacht:

Mini-Strudel

☆ Mehl, Salz, Butter und Wasser zu einem Teig verkneten. Abgedeckt an einem warmen Ort 30 Minuten gehen lassen.

☆ Für die Füllung Eier trennen. Eigelb, Butter, Zucker, Salz, Vanillezucker und Orangeback verrühren, Quark unterziehen. Eiweiß steif schlagen und unter die Masse heben. Teig durchkneten, zu 6 Kugeln formen. Diese nacheinander auf einem bemehlten Küchentuch zu Rechtecken von 18 x 25 cm ausrollen. Mit flüssiger Butter bestreichen, Quarkfüllung daraufgeben, dabei einen 2 cm breiten Rand freilassen.

☆ Abgetropfte Mandarin-Orangen und Pistazien bis auf 1 EL darauf verteilen. Teigränder einschlagen und von der schmalen Seite her nicht zu fest aufrollen.

☆ Strudel auf ein mit Backtrennpapier ausgelegtes Backblech geben und bei 200 °C (Gas Stufe 3) 40 Minuten backen. Noch heiß mit flüssiger Butter bestreichen. Zum Schluß mit Puderzucker und den restlichen Pistazien bestreuen.

Stollen mit Nougat-Whisky-Füllung

☆ Hefe und 25 g Zucker mit der lauwarmen Milch verrühren. Mehl in eine Schüssel geben, in der Mitte eine Mulde eindrücken. Die Hefemilch in diese Mulde hineingießen, mit etwas Mehl verrühren und zugedeckt an einem warmen Ort 20 Minuten ruhen lassen.

☆ Für die Füllung Nougat, Whisky und Pistazien mit den Knethaken des Handrührgeräts zusammenkneten. Nougat-Füllung halbieren und zu 2 Rollen von etwa 30 cm Länge formen. Hefeteig, Citroback, Salz, Butter, Whisky und Pistazien zu einem Teig verkneten.

☆ Nochmals 20 Minuten zugedeckt gehen lassen.

☆ Erneut mit bemehlten Händen gut durchkneten und auf einer bemehlten Arbeitsfläche zu einem Rechteck von 25 x 30 cm ausrollen. Nougat-Rollen mit einem Abstand von 10 cm darauflegen. Längsseiten über die beiden Rollen zur Mitte hin einrollen, Enden festdrücken.

Kleine Strudel

Auf ein mit Backtrennpapier ausgelegtes Backblech geben und bei 175 °C (Gas Stufe 2–3) 50–55 Minuten backen.

☆ Den Stollen noch heiß mit der flüssigen Butter bestreichen, zuerst mit Puderzucker, dann mit Pistazien bestreuen.

TIP: Der Stollen schmeckt besonders gut, wenn Sie ihn bereits einige Tage vor dem großen Fest backen und nach dem Auskühlen fest in Alufolie einwickeln. Dann hat er genügend Zeit, richtig durchzuziehen, so daß alle Zutaten ihr volles Aroma entwickeln können.

10. Dezember

Maria durch ein Dornwald ging

Ma - ri - a durch ein Dorn - wald ging,
ky - rie e - lei - son, Ma - ri - a durch ein
Dorn - wald ging, der hat in sieb'n Jahr kein
Laub ge-trag'n. Je - sus und Ma - ri - a.

Was trug Maria unter ihrem Herz'n,
kyrie eleison,
ein kleines Kindlein ohn' Schmerzen,
das trug Maria unter ihrem Herz'n.
Jesus und Maria.

Da haben die Dornen Rosen getragen,
kyrie eleison,
als das Kindlein durch den Wald getrag'n,
da haben die Dornen Rosen getragen.
Jesus und Maria

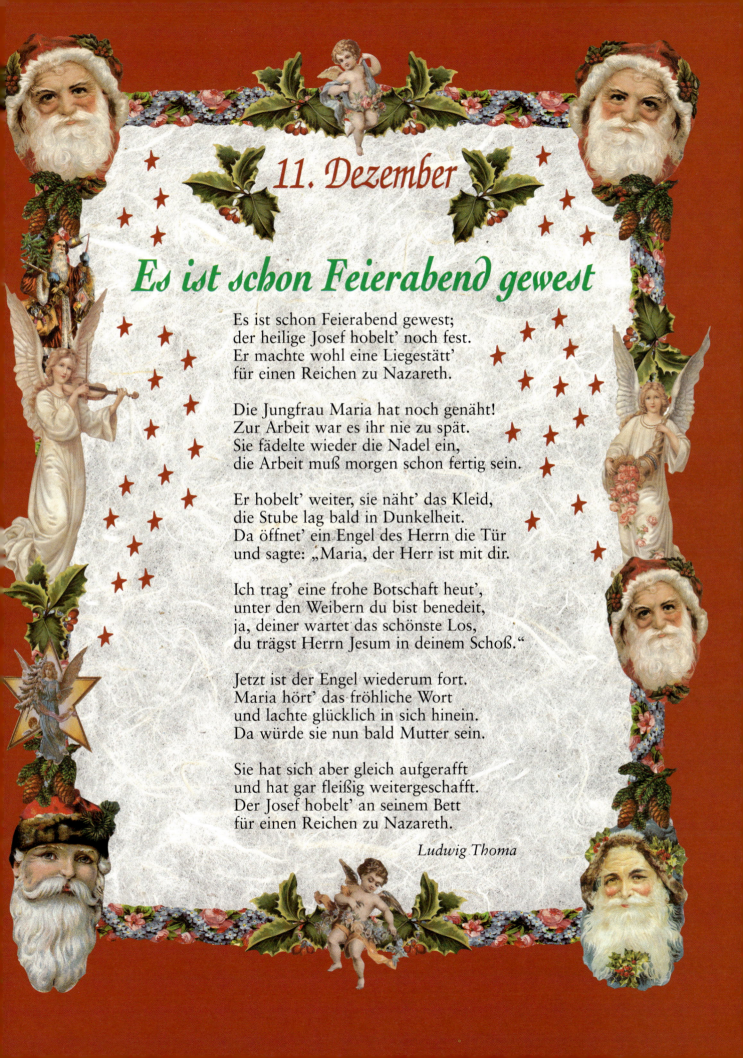

11. Dezember

Es ist schon Feierabend gewest

Es ist schon Feierabend gewest;
der heilige Josef hobelt' noch fest.
Er machte wohl eine Liegestätt'
für einen Reichen zu Nazareth.

Die Jungfrau Maria hat noch genäht!
Zur Arbeit war es ihr nie zu spät.
Sie fädelte wieder die Nadel ein,
die Arbeit muß morgen schon fertig sein.

Er hobelt' weiter, sie näht' das Kleid,
die Stube lag bald in Dunkelheit.
Da öffnet' ein Engel des Herrn die Tür
und sagte: „Maria, der Herr ist mit dir.

Ich trag' eine frohe Botschaft heut',
unter den Weibern du bist benedeit,
ja, deiner wartet das schönste Los,
du trägst Herrn Jesum in deinem Schoß."

Jetzt ist der Engel wiederum fort.
Maria hört' das fröhliche Wort
und lachte glücklich in sich hinein.
Da würde sie nun bald Mutter sein.

Sie hat sich aber gleich aufgerafft
und hat gar fleißig weitergeschafft.
Der Josef hobelt' an seinem Bett
für einen Reichen zu Nazareth.

Ludwig Thoma

11. Dezember

Festliche Glanzdosen

Zimt, Nelken, Koriander und der Duft von frischem Tannengrün – was könnte es Schöneres zu Weihnachten geben? Diese dekorativen Gewürzdosen, festlich arrangiert mit nur wenig anderem Material, stimmen froh und heben die Vorfreude auf weihnachtliches Tun und Treiben. Und nach dem hohen Fest integrieren sie sich problemlos in jeden Küchen-Stil, da sie zeitlos schlicht und schön gestaltet sind.

Material:

3 Dosen aus poliertem Zinn oder Alu,
1 Weihnachtsstern in Rot,
1 Decke in Grün,
2 Weihnachtskarten mit nostalgischem Motiv,
je 1,5 m Metallic-Gitterband in Silber (5 und 10 cm breit),
eventuell frisches Tannengrün

So wird's gemacht:

☆ Legen Sie die grüne Decke auf einem kleinen Tisch oder einer Konsole glatt aus. Ziehen Sie die hintere linke Ecke etwas nach oben – 2 oder 3 untergelegte Bücher geben den nötigen Halt.

☆ Nun stellen Sie den Weihnachtsstern so auf, daß eine der Blüten über diese Deckenhöhe reicht. Davor werden die drei Dosen in unterschiedlichen Größen entweder gemäß dem Foto oder nach eigenen Vorstellungen aufgebaut.

☆ Eine der Weihnachtskarten findet hochkant hinter der größten Dose ihren Platz, die andere liegt wie zufällig fallengelassen vor der kleinen.

☆ Das Gitterband locker entrollen und zwischen den Dosen und dem Weihnachtsstern hindurchlaufen lassen. Eventuell Tannengrün hinzufügen.

Magic Christmas

Mit Tannengrün und Weihnachtsschmuck wird in der Adventszeit zu Hause gemütlich dekoriert. Was gibt es Stimmungsvolleres, als von köstlichen Düften eingehüllt an einem festlich gedeckten Tisch zu sitzen? Versetzen Sie sich und Ihre Lieben in die gute alte Zeit zurück, und machen Sie die 4 Wochen der Vorfreude zu einem unvergeßlichen und fröhlichen Erlebnis.

Material:

Kaffeservice mit Weihnachtsmotiv, Leinenservietten in Natur, Leinenbänder in Rot mit Weihnachtsmotiv, verschiedene Nußsorten, etwa 20 Sternanis, Ilexgrün mit vielen roten Beeren, Tischdecke in Rot, kleine Weihnachtsfiguren in unterschiedlichen Größen, 5 hohe rote Kerzen, zum Service passendes Besteck, Strauß aus Weihnachtsgrün

So wird's gemacht:

☆ Legen Sie die Decke glatt auf den Tisch. Nun verteilen Sie das Kaffeeservice und das Besteck darauf. Falten Sie die Servietten zu einem lockeren Quadrat zusammen, das Sie oben mit einer Schleife aus dem Leinenband versehen.

☆ Den Kuchenteller stellen Sie mittig auf. Schneiden Sie den Ilex in kurze Stücke, die Sie vorsichtig unter die Kuchenplatte stecken. Achtung: Ilex sticht!

☆ Der Weihnachtsstrauß und die Kerzen sollten an einer freieren Tischseite ihren Platz finden. Zum Schluß Nüsse, Sternanis und kleine Figuren lose über den Tisch verteilen.

11. Dezember

Tisch und Kissen im Farbenrausch

Damastdecken finden Sie in Kaufhäusern – aber leider nur in Weiß. Bringen Sie doch Farbe ins Spiel, und überraschen Sie damit gute Freunde! Denn zu kaufen gibt's diese Tischwäsche nicht. Durch das Färben kommen schlichte Muster schön zur Geltung. Selbst Blumenmotive wirken richtig peppig.

✭ Wunderschön wirkt auch gefärbtes Leinen, wie die Kissen beweisen. Wer keine fertigen zu kaufen findet, näht sie aus reinweißem Leinen selbst.

Material:
Tischdecken, Leinenkissen oder -stoff in doppelter Kissengröße und Baumwollnähgarn, Simplicol Textil-Echtfarbe in den gewünschten Tönen, pro Maschinenfärbung 1 kg Salz
Wichtig:
Synthetikgarn nimmt die Farbe nicht an.

So wird's gemacht:

✭ Alle Teile werden einzeln in der Waschmaschine gefärbt. Keine Sorge: Rückstände bleiben nicht. Wählen Sie den gewünschten Farbton laut Packungsangabe. Die Farbintensität richtet sich auch nach der Menge der zu färbenden Stücke. Beachten Sie beim Färben die Anweisung des Herstellers.

✭ Wenn Sie die Leinenkissen selbst nähen, arbeiten Sie den Reißverschluß oder eine Knopfleiste auf der Rückseite etwa 10 cm von der Kante entfernt ein. Danach nähen Sie Rücken- und Vorderseite rechts auf rechts zusammen, wenden die Hülle und steppen von außen den etwa 4 cm breiten Rand ab.

✭ Übrigens: Es gibt auch Textilfarbe für Mischgewebe (bis 30 oder 40 °C waschbar).

11. Dezember

Kipferl und Kränze

Für die Vanillekipferl
180 g Mehl,
200 g gemahlene Mandeln,
75 g Zucker, 200 g Butter,
1 Eigelb, 1 Ei;
Puder- und Vanillezucker
zum Bestäuben

Für die schwarz-weißen Kränze
250 g Butter, 150 g Puderzucker,
1 Päckchen Vanillezucker,
1 Ei, 450 g Mehl,
3 EL Rum; außerdem 2 EL Kakao,
1 EL Puderzucker,
1 Ei, 1 EL Kaffeesahne

So wird's gemacht:

Vanillekipferl

✯ Alle Zutaten zu einem glatten Teig verkneten und kalt stellen. Dann aus dem Teig dicke Rollen formen, diese in 3–4 cm lange Stücke schneiden, leicht rollen und zu Kipferln legen. Auf ein mit Backtrennpapier ausgelegtes Backblech geben und bei 175–200 °C (Gas Stufe 2–3) hellbraun backen. Die Kipferl noch heiß in einer Mischung aus Puderzucker und Vanillezucker wälzen.

Schwarz-weiße Kränze

✯ Alle Zutaten verkneten. Die Hälfte des Teiges mit Kakao und Puderzucker mischen, beide Teigarten 1/2 Stunde kalt stellen. Danach den Teig portionieren und dünne Röllchen von 10 cm Länge formen. Aus je einem dunklen und einem hellen Röllchen kleine Kränze formen, diese auf ein mit Backtrennpapier ausgelegtes Backblech setzen. Ein verquirltes Ei mit der Kaffeesahne mischen und die Plätzchen damit bestreichen. Im vorgeheizten Backofen bei 180–200 °C (Gas Stufe 2–3) 25 Minuten backen.

TIP: Wer es besonders süß mag, kann die Kränze vor dem Backen zusätzlich mit etwas Hagelzucker bestreuen.

Pinien-Plätzchen

- 100 g Pinienkerne,
- 200 g Mehl,
- 150 g Butter/Margarine,
- 75 g Zucker,
- abgeriebene Schale von 1 unbehandelten Orange,
- Orangenschalen-Aroma,
- 1 Päckchen Vanillezucker,
- 2 Eigelb,
- 1 EL Puderzucker,
- 1 EL Kakao

So wird's gemacht:

☆ 60 g der Pinienkerne auf ein großes Brett geben und mit einem langen Messer kleinhacken. Mehl, Fett, Zucker, Orangenschale und Orangenschalen-Aroma, Vanillezucker und gehackte Pinienkerne in eine Rührschüssel geben und mit den Knethaken des Handrührgeräts zu einem glatten Teig verkneten. Diesen zu einer Kugel formen, in Frischhaltefolie einwickeln und etwa 1 Stunde kalt stellen. Den Backofen auf 200 °C (Gas Stufe 3) vorheizen.

☆ Den Teig zu einer langen, fingerdicken Rolle formen, diese in 5 cm lange Stücke schneiden und auf ein mit Backtrennpapier ausgelegtes Backblech geben. Das Eigelb verquirlen und die Plätzchen damit bestreichen, anschließend mit den restlichen Pinienkernen verzieren.

☆ Nun auf der mittleren Schiene im Backofen 10–12 Minuten backen. Die Gebäckstangen abkühlen lassen, dann die eine Hälfte mit dem Puderzucker, die andere Hälfte mit Kakao bestäuben.

TIP: Noch weihnachtlicher wird das Gebäck, wenn Sie dem Teig einige Tropfen Rum-Aroma hinzufügen. Auch Gewürze wie Zimt oder ein Hauch Kardamom passen gut dazu – mischen Sie den Kakao oder den Puderzucker mit je einer Prise davon.

11. Dezember

12. Dezember

Christkind vor dem Berliner Schloß

Welch lustiger Wald um das hohe Schloß
hat sich zusammengefunden,
ein grünes, bewegliches Nadelgehölz,
von keiner Wurzel gebunden!

Anstatt der warmen Sonne scheint
das Rauschgold durch die Wipfel;
hier backt man Kuchen, dort brät man Wurst,
das Räuchlein zieht um die Gipfel.

Der eine kauft ein bescheid'nes Gewächs
zu überreichen Geschenken,
der andere einen gewaltigen Strauch,
drei Nüsse daran zu henken.

Und kommt die Nacht, so singt der Wald
und wiegt sich im Gaslichtscheine;
da führt die ärmste Mutter ihr Kind
vorüber dem Zauberhaine.

Gottfried Keller

12. Dezember

Niedliche Himmelsboten

★ Niedliche Engel bringen Ihre Kerzen erst so richtig zur Geltung. Passend zur Weihnachtszeit dekorieren Sie die Terrakotta-Figuren mit etwas Tannengrün: Eine kleine echte oder künstliche Tannenspitze um eine Kerze legen und den entstandenen Ring mit Blumendraht fixieren. Die Goldbeeren haben bereits einen Draht, sie lassen sich also ganz einfach am Tannenring befestigen. Mini-Holzsternchen in Gold befestigen Sie mit Klebstoff.

★ Sehr schön wirkt auch eine goldene Sternenkette, die Sie mehrmals lose um den unteren Teil der Kerze wickeln.

★ Das goldene Spiralband im Hintergrund finden Sie in Hobbygeschäften und Dekorationsabteilungen. Legen Sie es in leichten Wellen auf Ihrem Tisch aus, um das Arrangement zu vervollständigen.

★ Und welche Tischdecke wählen Sie? Das hängt von Ihrem persönlichen Geschmack, aber auch von der gewünschten Wirkung ab: Sehr festlich wirkt Ihre Dekoration, wenn Sie eine weiße Decke, eventuell sogar mit goldenem Sternendruck oder Pailletten, wählen. Binden Sie kleine Tannensträußchen, in denen ein Stroh- oder Glasstern sitzt. Auf weißgoldenen Servietten kommt dieses Arrangement besonders gut zur Geltung.

★ Auf klassischem Rot heben sich die Figuren kräftiger ab. Nehmen Sie den Goldton der Figuren in der übrigen Dekoration wieder auf: Servietten in einem gedeckten Rotton mit einem dezenten Aufdruck passen sehr gut. Und auf dem Tisch liegen vereinzelt ein paar kleine Strohsterne – von Kinderhand geschaffen oder fertig gekauft.

Fröhliche Weihnachten...

...wünschen Ihnen diese munteren Gesellen! Aber Moment mal: Sollten die Weihnachtsmänner jetzt nicht mit Geschenken unterwegs sein? Nein, ein Päuschen in Ehren kann niemand verwehren – auch einem Weihnachtsmann nicht.

✭ Die drolligen Keramikfiguren sind 6 cm groß und in Kaufhäusern und Drogerien zu finden. Und da sie nicht allzu teuer sind, können Sie sich vielleicht gleich mehrere davon gönnen.

✭ Zum Beispiel für die Fensterbänke: Verteilen Sie zuerst reichlich Ilex darauf. Kleine rote Beeren binden Sie mit Blumendraht fest. Jetzt können Sie die Weihnachtsmänner verteilen. Aber Vorsicht: Kerzen nie unbeaufsichtigt brennen lassen – schon gar nicht, wenn Kinder im Haus sind. Vielleicht füllen Sie die Säckchen mit winzig kleinen „Präsenten" aus Papierknäueln, Kügelchen, Ilexbeeren... Ihrer Phantasie sind für diese Geschenke keine Grenzen gesetzt.

✭ Haben Sie eine Kommode im Eingangsbereich oder eine Anrichte im Eßzimmer? Legen Sie eine Decke in einer zur Einrichtung passenden, am besten dunklen Farbe auf. Im hinteren Bereich steht ein üppiges Gesteck mit roten Kugeln oder Äpfeln. Die Schale mit Nüssen und Obst steht griffbereit daneben. Und der Nußknacker hat dort natürlich auch seinen festen Platz. Zwischen all diesen Dingen tummeln sich die putzmunteren Weihnachtsmänner und sorgen mit ihren Kerzen für die richtige Atmosphäre.

✭ Die witzigen Kerzenhalter sind außerdem ein schönes Mitbringsel.

12. Dezember

Dekorative Flaschen

Mit Badesalz oder Schaumbad gefüllt, sind bemalte Flaschen ein individuelles Präsent.

Etwas zeitaufwendiger sind modellierte Verschlüsse, die wie aus Stein gemacht wirken.

Material:

Transparente Glasmalfarbe,
Karaffen oder Flaschen, Pinsel;
für die Verschlüsse rechts
Fimo Modelliermasse mit
Steineffekt sowie
in Kontrastfarben
(Weiß, Schwarz, Dunkelblau),
Korken mit Holzabschluß
(von Grappa-Flaschen o. ä.),
Sekundenkleber Uhu schnellfest

So wird's gemacht:

✭ Bemalte Glasflaschen sind nach dem Trocknen wisch-, aber nicht spülmaschinenfest.

✭ Für die Verschlüsse die Modelliermasse weichkneten und eine dicke Rolle in der Hauptfarbe herstellen. Diese der Länge nach teilen, auf die Schnittfläche dünne Rollen in den Kontrastfarben legen und die Rolle wieder schließen. Beim Auswellen kommen die „Adern" zum Vorschein. Den Vorgang eventuell wiederholen. Sie können auch auf eine Platte in der Hauptfarbe dünne Rollen legen und mit dem Wellholz einarbeiten. Die Verschlüsse um die Korken legen und ausarbeiten. Für den blauen Verschluß auf eine Kugel das Gittermuster aus dünnen Streifen legen und durch vorsichtiges Rollen der Kugel einarbeiten. Die fertig modellierten Verschlüsse abnehmen und mit dem Kleber am Korken befestigen. Fimo wird 20–30 Minuten im auf 130 °C vorgeheizten Backofen gehärtet.

12. Dezember

Zimtlikör

1/2 Orange,
6–8 Zimtstangen,
125 g brauner Zucker oder Kandis,
1 Flasche Weinbrand (= 0,7 l)

Kleine Gewürzkunde:

☆ Zimt gehört zu den Rindengewürzen. Es werden vorrangig drei Sorten, nämlich Ceylon-Zimt, Chinesischer Zimt und Padang-Zimt, angebaut. Das Gewürz ist schon sehr lange bekannt. Die Ägypter und Römer verwendeten es als Heil- und Kosmetikmittel.

☆ Zimt stammt ursprünglich aus Ceylon (Sri Lanka). Die Portugiesen eroberten im 16. Jahrhundert wegen dieses Gewürzes die Insel. Zimtbäume werden in Zimtgärten angebaut. Von den schnell wachsenden Bäumen werden zarte Äste abgeschnitten. Die feine Rinde erhält man von den Schößlingen in der Mitte der Pflanze. Die Rinde wird von ihrem Korkmantel befreit, von Hand zusammengerollt und dann im Schatten getrocknet. Diese sogenannten „Quills" werden danach auf gleichmäßige Längen von etwa 10 cm zu dem uns bekannten Stangenzimt geschnitten.

So wird's gemacht:

☆ Die Orangenhälfte auspressen, Zimtstangen zusammen mit dem Saft der Orange und dem braunen Zucker in eine Flasche geben.

☆ Mit dem Weinbrand aufgießen und die Flasche gut verschließen. Der Inhalt muß mindestens 4 Wochen lang durchziehen.

☆ Danach filtern Sie den Likör durch ein Mulltuch und gießen ihn in eine dekorative Flasche (mit mindestens 0,75 l Inhalt) um.

Würziger Zimt-Kaffee

400 ml Milch, 4 EL Honig,
1 TL gemahlener Zimt, 4 TL Kakao,
400 ml starker heißer Kaffee,
4 Zimtstangen

So wird's gemacht:

☆ Die Milch erwärmen, mit dem Honig und dem gemahlenen Zimt mischen und kurz aufkochen. Kakao in die Masse einrühren und diese auf 4 Becher verteilen. Mit sehr heißem Kaffee aufgießen und sofort servieren. Je eine Zimtstange zum Umrühren dazu reichen.

TIP: Aromatisierte Kaffees sind im Winter eine beliebte und köstlich wärmende Spezialität. Mit leckeren Gewürzen versehen, verbreiten sie einen behaglichen und weihnachtlichen Duft im ganzen Haus. Besonders gut kommen sie nach einem langen Spaziergang in kalter, klarer Luft bei Freunden und Verwandten an – oder reichen Sie doch einfach einmal eine Tasse Zimtkaffee nach einem guten Essen!

☆ Wer etwas experimentierfreudig ist, darf es natürlich auch mit einem anderen Gewürz versuchen: Anis ist etwas süßlicher, Ingwer leicht scharf, Kardamom, Muskatnuß und Nelken bringen den Orient in Ihr Heim. Dazu paßt ein Tropfen Alkohol – etwa ein Teelöffel Rum, ein Spritzer Amaretto oder für die Herren ein Hauch Whisky.

☆ Beachten Sie jedoch immer: Die Milch-Honig-Mischung sollte so heiß wie möglich in die Tassen gefüllt werden und der Kaffee immer frisch aufgebrüht sein, damit die Gewürze optimal zur Geltung kommen.

12. Dezember

Rätsel

Ich kenne ein Bäumchen gar fein und zart,
das trägt euch Früchte seltener Art.

Es funkelt und leuchtet mit hellem Schein
weit in des Winters Nacht hinein.

Das sehen die Kinder und freuen sich sehr
und pflücken vom Bäumchen und
pflücken es leer.

Volksgut

13. Dezember

Weihnacht in den Bergen

Auf einem gold'nen Schimmel
reitet's Christkind vom Himmel,
bringt ein' Sack gute Sachen,
daß die Kinder grad' lachen.

★

Und der Schnee, der tut glitzen,
und die Sterne, die blitzen,
und die Kerzen im Dunkeln,
seht, wie sie funkeln!

★

Was hat's zu bedeuten,
daß die Glocken so läuten
und die Büchsen so krachen
und solch Getöse machen?

★

Horch! Da hört man was singen,
und lieblich tut's klingen:
„O du heilige Nacht,
hast's Christkind gebracht."

August Heinrich Hoffmann von Fallersleben

13. Dezember

Weihnachtliche Festtafel

Ein festliches Essen mit guten Freunden legt es in diesen Tagen nahe, eine ganz besondere Dekoration auf und um den Tisch zu zaubern. Wie wäre es mit etwas ganz Neuem? Die hier gezeigte harmonische Mischung aus topmodernen und klassischen Gestaltungselementen gibt den passenden Rahmen ab für das große Karpfenessen am ersten Weihnachtsfeiertag.

Material:

2 Vliesdecken in Schwarz mit roten und weißen Sternen (von Duni),
Servietten mit demselben Motiv,
2 Vliesdecken in Weiß,
Pappe (50 x 70 cm),
Sprühkleber, Blattgold, feiner Pinsel oder sehr feiner Spachtel, 2 Holzstangen mit 2 cm Durchmesser und je etwa 1 m lang,
Nylonband, 4 kleine Metallhaken,
Schere, Bleistift,
4 lange dünne Kerzen in Schwarz,
4 lange dünne Kerzen in Weiß,
8 dezente Kerzenhalter,
4 schmale Glaskegel in Gelborange,
weiße Vase,
4 lange grüne Bambusstäbe,
4 lange schmale Palmblätter,
1 exotischer Holzast, 1 Tulpe,
möglichst neutrales Service und Besteck
(zum Beispiel in Weiß und Silber)

So wird's gemacht:

★ Zuerst zeichnen Sie für den Halbmond und die Sonne die gewünschten Formen auf die Pappe und schneiden diese aus. Beide Formen leicht mit Sprühkleber einsprühen, dann behutsam nach Anleitung das Blattgold mit einem feinen Pinsel oder Spachtel auftragen. Oben in beide Formen ein Loch einstechen und den Mond sowie die Sonne mit Nylonband in Ihr Fenster hängen. Gehen Sie dabei vorsichtig zu Werke, damit sich das Blattgold nicht wieder ablöst. Nun binden Sie an die Enden der beiden Holzstangen jeweils Nylonband in der Länge, daß Sie die Stangen etwas über Kopfhöhe und versetzt vor Ihrem Fenster aufhängen können. Dazu befestigen Sie am besten kleine Metallhaken in der Decke, die auch nach Abnehmen der Holzstangen nicht auffallen. Drapieren Sie je eine gemusterte und eine weiße Vliesdecke großzügig über die Stangen. Legen Sie anschließend die restlichen beiden Decken gemäß dem Foto oder nach eigenen Vorstellungen auf Ihren Eßtisch. Es sieht phantasievoll aus, wenn sie große Falten werfen.

★ Decken Sie zunächst den Tisch mit Service und Besteck. Die Servietten zu lockeren Tüten formen und auf jeden Teller legen. Die 8 Kerzen in die Halter stecken und auf dem Tisch verteilen. Stellen Sie dann die 4 orangegelben Glaskegel in einer Gruppe dazwischen. Geben Sie zum Schluß Wasser in die Vase, stellen Sie Bambus, Holz, Palmenblätter und Tulpe hinein, und plazieren Sie das Arrangement an einer der Schmalseiten des Tischs. Übrigens: Wählen Sie möglichst sehr schlichte Gläser zu dieser Dekoration aus, damit nichts von der edlen Schlichtheit der Tafel ablenkt.

TIP: Entgegengesetzte Effekte erzielen Sie mit andersfarbigen Accessoires auf dem Tisch. Wählen Sie leuchtendgrüne Kerzen, falls Sie einen traditionellen Strauß aus Tanne, Efeu und Buchsbaum in Ihre Vase stellen. Möchten Sie einen auffälligen Kristallkelch zum Trinken benutzen, wählen Sie einfarbig rote oder schwarze Servietten, da sich die verschiedenen Muster sonst gegenseitig erdrücken.

13. Dezember

Schafskäse in Würzöl

*500 g Schafskäse am Stück
oder 5 runde Schafskäse à 100 g,
10 eingelegte grüne und rote Peperoni,
4 Knoblauchzehen,
2 TL Gyros-Würze,
2 TL bunte Pfeffer-Gewürz-Mischung,
1/2 l kaltgepreßtes Olivenöl*

So wird's gemacht:

☆ Den Schafskäse sorgfältig in kleine Würfel schneiden. Peperoni anritzen, Knoblauchzehen abziehen und halbieren. Die Käsewürfel mit Gyros-Würze, den Peperoni, Knoblauchzehen und buntem Pfeffer in ein dekoratives Glas mit gut schließendem Deckel schichten.

☆ So viel Olivenöl dazugießen, daß es einen Fingerbreit über dem gesamten Glasinhalt steht. Das Glas verschließen, und den Käse mindestens 24 Stunden ziehen lassen.

☆ Gekühlt gelagert, hält sich der eingelegte Käse etwa 4 Wochen. Liebhaber, die es noch pikanter mögen, können zusätzlich zu den Peperoni dünn geschnittene Zwiebelscheiben und Oliven mit einschichten.

Kleine Gewürzkunde:

☆ Gyros-Würze ist eine wunderbare Komposition aus den typischen Grundgewürzen der griechischen Küche: edlem Paprika, scharf würzigem und leicht bitterem, herbem Oregano, feurigen Chilis, aromatischen Zwiebeln, duftendem Rosmarin, dem schon die Römer geheimnisvolle Kräfte und große Zauberwirkung nachsagten, sowie bitter-würzigem Thymian, der auch zu den „Fines herbes" der französischen Küche gehört.

Champignons provenzalische Art

500 g frische Champignons, 1 Zitrone,
300 ml Weinessig, 1 TL Salz,
3 große Knoblauchzehen,
1 TL Kräuter der Provence,
1/4 l kaltgepreßtes Olivenöl

So wird's gemacht:

☆ Champignons gründlich putzen und kurz unter fließendem Wasser abspülen. Den Saft der Zitrone mit 0,7 l Wasser, dem Weinessig und Salz aufkochen. Die Champignons etwa 5 Minuten in dem Würzsud kochen, vom Herd nehmen und noch weitere 20 Minuten im geschlossenen Topf ziehen lassen.

☆ In der Zwischenzeit die Knoblauchzehen abziehen und in feine Streifen schneiden. Die Champignons in einem Sieb abtropfen und abkühlen lassen. Die Pilze mit den Knoblauchstreifen und den Kräutern der Provence in ein hübsches Glas mit einem fest schließenden Deckel schichten und mit Olivenöl aufgießen, bis die Champignons etwa fingerbreit bedeckt sind. Das Glas verschließen und die Pilze mindestens 48 Stunden ziehen lassen.

☆ Champignons provençales eignen sich gut als Beilage zu Gemüse- und Fleischgerichten. An einem kühlen Platz aufbewahrt, halten sie sich mehrere Monate lang.

Kleine Gewürzkunde:

☆ Kräuter der Provence sind eine Gewürzmischung typisch südfranzösischer Art. Sie besteht aus Rosmarin, Thymian, Basilikum, Majoran, Estragon, Bohnenkraut, Kerbel, Liebstöckel und Oregano. Diese Kräuter wachsen in den trockenen, sonnendurchglühten und kargen Böden der Haute-Provence.

13. Dezember

Erdnuß-Ingwer-Cookies

★★★★★★★★★★★★★★★★★★★

Für das Grundrezept
125 g Erdnußkerne
(ungesalzen), 225 g Weizenmehl,
100 g weiche Butter, 100 g Zucker,
1 Prise Salz, 1/4 TL gemahlener Ingwer,
2 Eigelb, abgeriebene Schale einer
unbehandelten Zitrone.
*Die Zutaten für die jeweiligen Variationen
entnehmen Sie den entsprechenden
Rezepturen*

★★★★★★★★★★★★★★★★★★★

So wird's gemacht:

★ Die Erdnußkerne mahlen. Zusammen mit dem gesiebten Mehl, der in Flocken geschnittenen Butter, dem Zucker, dem Salz, dem gemahlenen Ingwer, den Eigelb und der Zitronenschale in der Küchenmaschine oder mit den Knethaken des Handrührgerätes zu einem glatten Teig verarbeiten.

★ Den Teig zu einer Kugel formen, fest in Frischhaltefolie einwickeln und 1 Stunde kalt stellen. Dann zu Plätzchen in beliebiger Form verarbeiten. Diese auf ein mit Backtrennpapier ausgelegtes Backblech setzen und im vorgeheizten Backofen bei 180 °C (Gas Stufe 2–3) 15 Minuten backen.

Mit Orangenguß

★ Den Teig auf der bemehlten Arbeitsfläche 5 mm dick ausrollen, zu Plätzchen in beliebiger Form ausstechen, backen, fast ganz abkühlen lassen.

★ 150 g gesiebten Puderzucker mit 2 EL Orangensaft und 1 EL Orangenlikör glattrühren, mit einem Pinsel auf das Gebäck auftragen. Jedes Plätzchen mit 3 sternförmig angeordneten Erdnußhälften garnieren.

Mit kandiertem Ingwer

★ Teig wie links beschrieben ausrollen, ausstechen und backen. 150 g gesiebten Puderzucker mit 1 EL heißem Wasser und 1 EL Rum glattrühren. Als dicken Tropfen auf die Plätzchen geben und diese jeweils mit einer Scheibe kandierter Ingwerpflaume und einer halben Erdnuß verzieren.

Himbeerhäufchen

★ Mit bemehlten Händen den Teig zu walnußgroßen Kugeln formen. In die Mitte ein Loch drücken und eine frische Himbeere hineingeben. Sollten keine frischen Früchte zu bekommen sein, nehmen Sie tiefgefrorene.

★ Die Kugel wieder schließen, auf das mit Backtrennpapier ausgelegte Backblech setzen und mit verquirltem Eigelb bestreichen. Jede Kugel mit einer Erdnuß versehen und backen. Ganz heiß mit Puderzucker bestäuben.

★ Statt der Himbeeren können Sie auch kleine Stücke von gut abgetropften Rumtopffrüchten, Pflaumen, eingelegten Kirschen oder ähnlichem Obst nehmen.

Falsche Bethmännchen

★ Den Teig mit bemehlten Händen zu walnußgroßen Kugeln formen. An jede Kugel 6 Erdnüsse drücken. Alle Plätzchen 6–8 Minuten backen, dann auf ein Kuchengitter geben und fast ganz abkühlen lassen. 100 g gesiebten Puderzucker mit 2 EL Rum glattrühren und mit einem Pinsel dünn über die Kugeln streichen.

TIP: Wer es gerne schokoladig mag, überzieht die fertig gebackenen Kugeln aus dem Grundrezept einfach mit im Wasserbad aufgelöster dunkler Kuvertüre. Ein Hauch aufgesiebter Puderzucker verschönert die Optik.

13. Dezember

Vom Himmel hoch da komm ich her

Vom Him-mel hoch da komm ich her, ich
bring euch gu-te neu-e Mär. Der
gu-ten Mär bring ich so viel, davon ich sin-gen und sa-gen will.

Euch ist ein Kindlein heut' gebor'n
von einer Jungfrau auserkor'n,
ein Kindelein so zart und rein,
das soll eur' Freud' und Wonne sein.

14. Dezember

CHRISTKIND IM WALDE

Christkind kam in den Winterwald,
der Schnee war weiß, der Schnee war kalt.
Doch als das heil'ge Kind erschien,
fing's an im Winterwald zu blüh'n.

Christkindlein trat zum Apfelbaum,
erweckt' ihn aus dem Wintertraum.
„Schenk Äpfel süß, schenk Äpfel zart,
schenk Äpfel mir von aller Art!"

Der Apfelbaum, er rüttelt' sich,
der Apfelbaum, er schüttelt' sich,
da regnet's Äpfel ringsumher;
Christkindleins Taschen wurden schwer.

Die süßen Früchte alle nahm's,
und also zu den Menschen kam's.
Nun, holde Mäulchen, kommt, verzehrt,
was euch Christkindlein hat beschert!

Ernst von Wildenbruch

14. Dezember

Zauberhafte Tischsets

Material:

Je Tischset 44 x 56 cm
fadengeraden Stoff,
54 x 70 cm farblich
passenden Dekostoff,
Sticknadel Nr. 22 ohne Spitze,
für zwei Sets je 2 Strängchen
Anchor Lamé in Grün 216
und Anchor Sticktwist
in Rot 318, Nähgarn

So wird's gemacht:

✰ Beide Motive mit ungeteiltem Garn im Kreuzstich arbeiten.

✰ Das Sternmotiv mit dem linken oberen Stern beginnen: Messen Sie auf dem Stickstoff 11,5 cm von oben und 8 cm von rechts ab, und beginnen Sie an diesem Punkt zu sticken.

✰ Beginnen Sie das Herzmotiv ebenfalls mit dem linken oberen Herz: 9,5 cm von links und 8,5 cm von oben abmessen.

✰ Ist die Stickerei fertig, den Dekostoff von hinten dagegenlegen: Beide rechten Stoffseiten liegen außen. Die überstehenden Schnittkanten auf den Stickstoff schlagen, Schnittkanten nach innen legen und einen ca. 4 cm breiten Saum arbeiten. Achten Sie hierbei auf eine schöne Eckbildung.

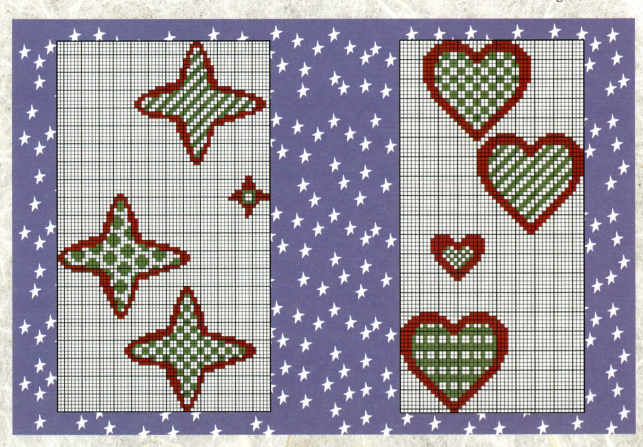

14. Dezember

Bonbon-Glas für Naschkatzen

Neben Weihnachtsmann, Engeln und Bären gehört dem Schneemann ein fester Platz in der Adventszeit, besonders, wenn er so verschmitzt dreinblickt...

Wer nicht so gern figürlich malt, greift auf schlichtere Motive zurück. Aus einem farbenprächtigen Oval wird ein Luftballon, wenn Sie ihn mit einer Linie als Schnur versehen. Setzen Sie drei solcher Ballons nebeneinander. Toll, wenn die Schnüre unten von einer Schleife zusammengehalten werden. Bonbons sind genauso einfach – versuchen Sie es mal auf einem Blatt Papier.

Material:
Glas in Blau, Bastelfarbe
Deka ColorMatt in den gewünschten Tönen, Konturenstift, Pinsel

So wird's gemacht:

✩ Das Glas muß staub- und fettfrei sein. Spülmittel sind zum Reinigen des Untergrundes ungeeignet. Fingerabdrücke und dergleichen lassen sich besser mit Spiritus entfernen.

✩ Sie können den Schneemann vom Foto abpausen und auf das gewünschte Format vergrößern. Bei Gläsern läßt sich das Motiv bestens von innen mit Klebestreifen fixieren.

✩ Malen Sie das Motiv aus; dabei die einzelnen Farben antrocknen lassen und während der Arbeit nicht in noch feuchte Farbe greifen (die Farbe trocknet sehr schnell). Für die Umrisse und kleineren Details können Sie einen Konturenstift benutzen.

✩ Fertig bemaltes Geschirr mit klarem Wasser ohne Spülmittel reinigen und nicht im Wasser liegen lassen.

Kleines Gedeck mit Tischset

Material:

Tischset und Servietten in Rot, Deka PermMetallic Textilfarbe in Gold und Silber, Borstenpinsel; Tasse und Teller in Weiß, Deka ColorMatt und ColorLack metallic gemäß Foto, Haarpinsel; Kartonrest, Pauspapier, Bleistift

So wird's gemacht:

☆ Auf Kartonquadrate Sternmotive in den gewünschten Größen und Formen zeichnen und ausschneiden. In Ihrem Haushalt finden Sie sicher geeignete Formen als Vorlagen.

☆ Vor dem Bemalen den Stoff waschen, um die Appretur zu entfernen. Keinen Weichspüler benutzen! Auf den gebügelten Stoff die erste Schablone, unter den Stoff Karton oder Papier legen (die Farbe kann durchschlagen). Malen Sie den Stern aus. Den nächsten Stern an einer Stelle aufsetzen, an der die Schablone nicht in noch nasse Farbe gelegt werden muß.

☆ Verteilen Sie Ihre Sterne nach eigenen Vorstellungen auf Set und Serviette. Entstandene „Lücken" erst nach dem Trocknen mit Sternen ausfüllen. Ist Ihr Stoff bemalt, lassen Sie die Farbe gut trocknen. Danach von links einbügeln, dabei die Bügelunterlage mit einem Tuch schützen. Die Farbe geht auch beim Waschen nicht mehr ab.

☆ Den Nikolaus auf seinem Schlitten können Sie vom Foto unten abpausen, vergrößern, mit dem Pauspapier auf Tasse und Teller übertragen und ausmalen, wie beim Bonbon-Glas links beschrieben.

☆ Selbstbemaltes Geschirr ist nicht für den täglichen Gebrauch geeignet.

14. Dezember

Kokos-Orangen-Konfekt

100 g Marzipan-Rohmasse, 1 Ei,
100 g Puderzucker, 125 g Butter oder
Margarine, abgeriebene Schale von
1 unbehandelten Orange, 75 g Speisestärke,
125 g Mehl, 30 g Kokosraspeln,
3 EL Orangenlikör oder Orangensaft;
zum Verzieren etwa 100 g weiße Kuvertüre,
2 EL Kokosraspeln, 5 kandierte
Orangenscheiben, Pralinenschälchen
aus Papier

So wird's gemacht:

☆ Die Marzipan-Rohmasse kleinhacken und mit dem Ei, Puderzucker, weichen Fett, der Orangenschale, Speisestärke, dem Mehl, den Kokosraspeln und dem Orangenlikör bzw. Orangensaft in eine Schüssel geben und alles mit dem Handrührgerät auf der höchsten Stufe gut verrühren. Die Gesamtrührdauer sollte etwa 2 Minuten betragen.

☆ Den Teig in einen Spritzbeutel mit glatter Lochtülle geben und in kleine Pralinenförmchen bis knapp unter den Rand einfüllen. Im vorgeheizten Backofen bei 175–200 °C (Gas Stufe 2–3) etwa 15 Minuten backen.

☆ Kokospralinen auf ein Kuchengitter setzen und völlig erkalten lassen. In der Zwischenzeit die weiße Kuvertüre nach Anweisung auflösen und dann das Kokos-Orangen-Konfekt damit bestreichen. Die kandierten Orangenscheiben in kleine Schnitze schneiden, Kokosraspeln auf die Pralinen streuen und oben jeweils ein Stück kandierte Orange aufdrücken.

TIP: Es gibt auch farbige Pralinenförmchen aus Metallfolie, die besonders hübsch aussehen.

Spitzbuben und Ingwerplätzchen

Spitzbuben
80 g Speisestärke, 160 g Mehl, 1 Ei,
65 g Zucker, 1 TL Vanillezucker,
125 g Butter; zum Füllen Johannisbeerkonfitüre; zum Bestäuben Puderzucker

☆

Ingwerplätzchen
50 g Speisestärke, 250 g Mehl, 1 Ei,
100 g Zucker, 150 g Butter,
1/2 TL gemahlener Ingwer; zum Verzieren
1 mit Wasser verrührtes Eigelb,
75 g kandierter Ingwer

So wird's gemacht:

Spitzbuben
☆ Alle Zutaten in einer Schüssel zu einem glatten Teig verarbeiten und kalt stellen. Den Teig auf bemehlter Arbeitsfläche dünn ausrollen. Plätzchen und Ringe in gleicher Anzahl und Größe ausstechen und auf ein mit Backtrennpapier ausgelegtes Backblech setzen. Im vorgeheizten Backofen bei 200 °C (Gas Stufe 3) 8–10 Minuten backen. Nach dem Backen erkalten lassen.
☆ Die Plätzchen mit der Konfitüre bestreichen. Die Ringe mit dem Puderzucker bestäuben und jeweils einen Ring vorsichtig auf ein Plätzchen setzen. In die Mitte noch etwas glattgerührte Konfitüre geben.

Ingwerplätzchen
☆ Alle Zutaten in eine Schüssel geben, mit dem Handrührgerät auf niedriger Stufe zu einem Teig verkneten, kalt stellen. Den Teig auf einer bemehlten Arbeitsfläche 1/2 cm dick ausrollen und mit einem Teigrädchen Rhomben (4 x 4 cm) ausradeln.
☆ Die Plätzchen auf ein mit Backtrennpapier ausgelegtes Backblech legen, mit verquirltem Eigelb bestreichen und mit feingehacktem kandiertem Ingwer bestreuen. Im vorgeheizten Backofen bei 175–200 °C (Gas Stufe 2–3) 10–15 Minuten backen.

14. Dezember

Es ist ein Ros' entsprungen

Es ist ein Ros' entsprungen
aus einer Wurzel zart.
Wie uns die Alten sungen,
aus Jesse kam die Art
und hat ein Blümlein bracht,
mitten im kalten Winter,
wohl zu der halben Nacht.

Das Röslein, das ich meine, davon Jesaia sagt,
Maria ist's, die reine, die uns dies Blümlein 'bracht.
Aus Gottes ew'gem Rat hat sie ein Kind geboren
und blieb doch reine Magd.

15. Dezember

O schöne, herrliche Weihnachtszeit

O schöne, herrliche Weihnachtszeit,
was bringst du Lust und Fröhlichkeit!
Wenn der heilige Christ in jedem Haus
teilt seine lieben Gaben aus.

Und ist das Häuschen noch so klein,
so kommt der heilige Christ hinein,
und alle sind ihm lieb wie die Seinen,
die Armen und Reichen, die Großen und Kleinen.

Der heilige Christ an alle denkt,
ein jedes wird von ihm beschenkt.
Drum laßt uns freu'n und dankbar sein!
Er denkt auch unser, mein und dein.

August Heinrich Hoffmann von Fallersleben

15. Dezember

Weihnachtliches Patchwork

Ob in der Diele, im Eß- oder Wohnzimmer ausgelegt: Dieses weihnachtliche Arrangement in fröhlich-frischen Farben ist ein attraktiver Blickfang, der festlich stimmt. Alles ist problemlos nachzuarbeiten, und das beste daran ist, daß Ihre Kinder mit Begeisterung dabei helfen werden.

Material:

2 Bogen Patchwork-Weihnachtspapier in leuchtenden Farben, Satinschleifenband in Rot und 5 cm breit, 4 einfarbige Briefumschläge, 3 einfarbige Geschenkanhänger in unterschiedlichen Größen, 1 Weihnachtsklappkarte in Grün, Klebstoff, Schere, Satinschleifenband in Grün und 0,5 cm breit, 1 flache Schale, 2 Pinienzapfen, 2 Äpfel, 2 Birnen, 1 Weihnachtsstern

So wird's gemacht:

★ Wickeln Sie drei unterschiedlich große Päckchen in das bunte Weihnachtspapier ein. Eines davon versehen Sie mit einer dicken Schleife aus rotem Satinband.

★ Nun schneiden Sie einzelne Motive aus dem restlichen Papier aus und kleben diese gemäß dem Foto oder Ihren eigenen Vorstellungen auf die Briefumschläge, die Geschenkanhänger und die Weihnachtskarte. Geschenkanhänger jeweils mit einem Satinbändchen versehen.

★ Anschließend dekorieren Sie zwei Päckchen, die Geschenkanhänger, Weihnachtskarte, Zapfen und Obst in der Schale und plazieren das dritte Paket sowie den Weihnachtsstern dicht dahinter.

Weihnachtsfrühstück

Die erste Mahlzeit an diesem großen Festtag sollten Sie in entsprechender Stimmung einnehmen. Und was hebt diese mehr als ein in den klassischen Weihnachtsfarben Grün und Rot gedeckter Tisch? Fröhliches Blau und ein wenig Gelb lockern das Bild zusätzlich auf.

So wird's gemacht:

★ Schlagen Sie jede Decke so zur Hälfte, daß die Musterkanten gut zur Geltung kommen, und legen Sie sie doppelt auf den Tisch. Weihnachtskugeln und rotes Geschenkband locker in einer Glasschale mit Fuß arrangieren.

★ Sämtliche Zutaten für das Frühstück auf den Tisch stellen – alle Teilnehmer dürfen sich selbst bedienen. Das Weihnachtsgesteck findet am Tischrand seinen Platz; in den restlichen Zwischenräumen Kugeln und Grün nach Geschmack verteilen.

Material:

2 Vliesdecken in Grün mit bunter Weihnachtsbordüre (von Duni), passende Servietten (auf dem Foto wurde das Patchworkmuster der Decke aufgegriffen sowie ein neutrales Sternenmuster gewählt), mittelgroße Weihnachtskugeln in Mattgold, kleine Weihnachtskugeln in Glanzrot, Christbaumanhänger in Sternform, kleine Weihnachtskugeln in Mattrot, Geschenkband in Rot mit leuchtendem Goldmuster, zweiarmiger Kerzenleuchter in Gold, 2 schmale Kerzen in Ocker, 1 hohes Weihnachtsgesteck, kleine Tannenzweige oder anderes Grün, Schleifenband in Rot und 1,5 cm breit

15. Dezember

Kissen wie aus 1001 Nacht

Traumhaft schön sind Kissen mit aufgesetzter Bordüre. Das orientalisch wirkende Motiv wird auf ein Stickband mit Sternchen-Kante gestickt und anschließend aufgenäht.

So wird's gemacht:

✯ Sticktwist wird 3fädig, Lamé ungeteilt verarbeitet. Das Endmotiv ist bei beiden Bändern gleichzeitig das Anfangsmotiv: Mit dem Endmotiv beginnen und nach dem letzten Motiv des Rapports dieses nochmals arbeiten, dabei das mittlere Element bzw. die blauen Verbindungslinien weglassen.

✯ Beginnen Sie beim blauen Band etwa 7,5 cm von der Schnittkante, und wiederholen Sie den Rapport 4mal. Beim roten Kissen 12,5 cm von der Schnittkante entfernt beginnen und den Rapport 2mal wiederholen. Beide Arbeiten mit dem Endmotiv abschließen.

✯ Nähen Sie die Bänder auf die Kissenhüllen.

Material:

Kissenhülle in Blau und Rot,
11 cm breites Stickband von 42 cm (blau)
und 56 cm Länge (rot), Sticknadel
ohne Spitze; die fertigen Bänder
sind etwa 2 cm kürzer;
für das blaue Kissen je 1 Strängchen
Anchor Sticktwist in 923, 143 und 47
sowie Anchor Lamé in 303;
für das rote Kissen Anchor Sticktwist
in 143, 47 und 311 sowie
Anchor Lamé in 322

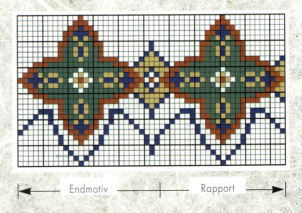

← Endmotiv → ← Rapport →

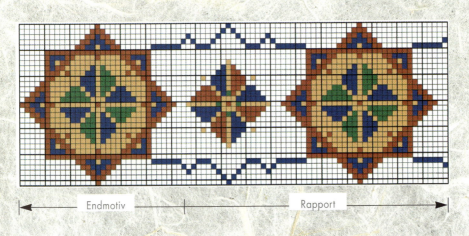 

← Endmotiv → ← Rapport →

Weihnachtsapfeltorte

Für den Nußbiskuit 7 Eier, 180 g Zucker,
300 g gemahlene Haselnüsse,
50 g Speisestärke;
für die Apfelcreme 5 süß-saure Äpfel,
100 g Zucker,
1 Päckchen Vanillezucker,
4–5 EL Zitronensaft, 4 cl Calvados,
260 ml Milch, 100 ml Sahne, 50 g Zucker,
1 Prise Salz, 1/2 Vanilleschote,
1 großes Eigelb, 65 ml Milch,
25 g Weizenstärkemehl;
für den Belag 400 g Marzipan-Rohmasse,
120 g Zucker, rote und gelbe Speisefarbe,
1 Tropfen grüne Speisefarbe,
etwas Puderzucker zum Bestäuben

So wird's gemacht:

☆ Für den Teig die Eier 1 Minute mit dem Handrührgerät auf der höchsten Stufe schlagen, dann den Zucker dazugeben und weitere 2 Minuten schlagen. Die Nüsse mit der Speisestärke mischen und nach und nach vorsichtig unter den Eischaum ziehen. Eine Springform mit 26 cm Durchmesser einfetten und mehlen. Die Masse hineinfüllen und im vorgeheizten Backofen bei 160–180 °C (Gas Stufe 2) 50–60 Minuten locker backen. Den Tortenboden stürzen, aber noch in der Form auskühlen lassen.

☆ Für die Creme die Äpfel schälen, vierteln, das Kerngehäuse entfernen und das Obst in kleine Stücke schneiden. Diese mit dem Zucker, Vanillezucker und dem Zitronensaft in einem kleinen Topf zugedeckt etwa 6 Minuten dünsten. Den Calvados unterrühren und alles beiseite stellen.

☆ Milch, Sahne, Zucker, Salz und die halbe Vanilleschote auf etwa 60 °C erhitzen. Nun die Vanilleschote herausnehmen, das Mark auskratzen und in die Milch zurückgeben. Die Flüssigkeit aufkochen lassen, den Topf von der Platte nehmen. Das Eigelb mit der weiteren Milch und dem Weizenstärkemehl verrühren und unter die heiße Sahnemilch ziehen, so daß diese zur Creme abbindet. Unter Rühren nochmals kurz erhitzen, aber nicht mehr aufkochen, sonst wird die Masse klumpig. Die Creme sofort in eine Schüssel stürzen, erkalten lassen und dann mit der Apfelcreme mischen.

☆ Nun den Nußbiskuit einmal durchschneiden. Den unteren Boden mit der Hälfte der Apfelcreme bedecken, den oberen Boden vorsichtig aufsetzen und die restliche Apfelcreme darauf verteilen.

☆ Für den Belag die Marzipan-Rohmasse mit dem Zucker verkneten und 2/3 davon zwischen zwei Folienstücken ausrollen. Die Marzipandecke soll ca. 1 mm dick und etwa 5–6 cm größer als der Tortendurchmesser sein. Den Marzipanmantel vorsichtig über die Torte breiten und rundherum leicht andrücken. Am unteren Tortenrand das Marzipan glatt abschneiden. Einen Teil der restlichen Masse mit roter Speisefarbe leicht einfärben und Äpfelchen daraus formen. Sehr wenig Marzipanmasse grün einfärben und kleine Stiele bilden.

☆ Das restliche Marzipan gelb einfärben, etwa 1 mm dick ausrollen und Sterne ausstechen sowie kleine Blättchen bilden. Die Torte leicht mit etwas Puderzucker bestäuben und zum Schluß die Äpfel und Sterne entsprechend dem Foto oder eigenen Vorstellungen auf der Torte dekorieren.

TIP: Ist Ihnen das Formen der Äpfelchen zu kompliziert, können Sie auch bereits fertige Marzipanfrüchte auf Ihre Torte setzen, die es in jeder Konditorei in großer Auswahl gibt.

15. Dezember

Ihr Kinderlein kommet

Ihr Kin-der-lein kom-met, o kom-met doch all! Zur Krip-pe her kom-met in Beth-le-hems Stall. Und seht, was in die-ser hoch-hei-li-gen Nacht der Va-ter im Him-mel für Freu-de uns macht.

Da liegt es, das Kindlein, auf Heu und auf Stroh,
Maria und Joseph betrachten es froh,
die redlichen Hirten knien betend davor,
hoch oben im Himmel der Engelein Chor.

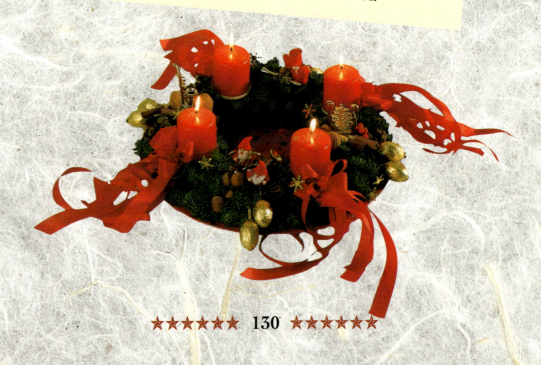

16. Dezember

Weihnachts-Freuden

Naumburg, den 26.12.1856

Endlich ist mein Entschluß gefaßt, ein Tagebuch zu schreiben, in welchem man alles, was freudig oder auch traurig das Herz bewegt, dem Gedächtnis überliefert, um sich nach Jahren noch an Leben und Treiben dieser Zeit und besonders meiner zu erinnern. Möge dieser Entschluß nicht wankend gemacht werden, obgleich bedeutende Hindernisse in den Weg treten. Doch jetzt will ich anfangen.

Wir leben jetzt inmitten von Weihnachtsfreuden. Wir warteten auf sie, sahen sie erfüllt, genossen jene, und jetzt drohen sie uns nun schon wieder zu verlassen. Denn es ist schon der zweite Feiertag. Jedoch ein beglückendes Gefühl strahlt hell fast von dem einen Weihnachtsabend, bis der andre schon mit mächtigen Schritten seiner Bestimmung entgegeneilt. Doch ich will mit dem Anfange meiner Ferien auch den Anfang der Weihnachtsfreuden schildern. Wir gingen aus der Schule; die ganze Zeit der Ferien lag vor uns und mit diesen das schönste aller Feste. Schon seit einiger Zeit war uns der Zutritt an einige Orte nicht gestattet. Ein Nebelflor hüllte alles geheimnisvoll ein, damit dann desto mächtiger die Freudenstrahlen der Christfestsonne hindurchbrächen. Weihnachtsgänge wurden besorgt; das Gespräch wurde fast allein auf dieses geleitet; ich zitterte fast vor Freude, wenn das Herz jubelnd daran gedachte, und ich eilte fort, um meinen Freund Gustav Krug zu besuchen. Wir machten unsern Empfindungen Raum, indem wir bedachten, was der morgende Tag für schöne Geschenke mit sich bringen werde. So verging der Tag in Erwartung der Dinge.

Fortsetzung Seite 138

16. Dezember

Blaue Stunde

Material:

2 hohe Kerzenleuchter,
2 blaue Kerzen, Golddraht, Schere,
Geschenkbänder in Blau und
Türkis (5 cm breit),
in Gold (4 cm breit),
blaue Styroporbeeren in 2 Größen,
Weihnachtsgrün,
Papierband in Türkis
(3 und 10 cm breit)

So wird's gemacht:

★ Drahten Sie die Styroporfrüchte an 10 cm lange Golddrahtstücke, und binden Sie diese mit üppigen Schleifen in Blau, Türkis und Gold zu einem dicken Strauß zusammen. Für die Kerzenleuchter jeweils eine Schleife in Türkis und Blau binden, dabei die Bandenden lang herabhängen lassen.

★ Nun die Kerzen mit Golddraht umwickeln und in die Halterungen setzen. Die Schleifen zusammen mit dem Weihnachtsgrün um jeden Leuchter binden, eventuell mit etwas Golddraht zusammenhalten.

Ingwer-Rum-Hütchen

(Foto siehe Seite 134)

50 g kandierter Ingwer, 75 g Speisestärke,
100 g Mehl, 1 Ei, 50 g Zucker, 100 g Butter;
zum Füllen (Pralinencreme) 1/8 l süße
Sahne, 240 g Halbbitter-Kuvertüre,
6 EL Rum;
zum Überziehen 500 g Halbbitter-Kuvertüre;
zum Bestäuben Kakaopulver

So wird's gemacht:

★ Den Ingwer fein hacken. Speisestärke, Mehl, Ei, Zucker, weiches Fett und gehackten Ingwer mit dem Handrührgerät auf niedriger Stufe verkneten und den Teig kalt stellen. Dann auf einer bemehlten Arbeitsfläche 1/2 cm dick ausrollen und mit einer runden Form von 2,5 cm Durchmesser Plätzchen ausstechen. Diese auf ein mit Backtrennpapier ausgelegtes Backblech setzen und im vorgeheizten Backofen bei 200–225 °C (Gas Stufe 3–4) 6–8 Minuten backen. Danach erkalten lassen.

★ Für die Füllung Sahne zum Kochen bringen, feingehackte Kuvertüre in der heißen Sahne auflösen. Rum zugeben, die Masse abkühlen lassen. Erkaltete Creme mit dem Schneebesen gut schaumig aufschlagen. Rumcreme in einen Spritzbeutel mit glatter Lochtülle füllen, auf die Ingwerplätzchen spritzen. Tülle dabei nach oben ziehen, damit eine Zipfelhaube entsteht. Fest werden lassen.

★ Zum Überziehen der Ingwer-Rum-Hütchen die dunkle Kuvertüre nach Anweisung auflösen. Mit Hilfe einer Pralinengabel die Hütchen in die Schokolade tauchen. Auf ein Pralinenabtropfgitter oder Pergamentpapier setzen und fest werden lassen. Zum Schluß alle Pralinen mit dem Kakao bestäuben. Am besten geht das, wenn Sie ein kleines, sehr feines Sieb dazu verwenden.

16. Dezember

Espresso-Herzen

*75 g Speisestärke, 175 g Mehl,
100 g Walnußkerne, 1 Ei, 100 g Zucker,
1 TL Bourbon-Vanillezucker, 150 g Butter,
1 EL Milch, 1 TL Espresso-Pulver;
zum Füllen (Pralinencreme) 6 EL süße
Sahne, 1 TL Espresso-Pulver,
120 g Vollmilch-Kuvertüre,
2 EL Kaffeelikör;
zum Überziehen 400 g Vollmilch-Kuvertüre;
zum Verzieren 25 g Puderzucker,
1 TL Kirschsaft*

So wird's gemacht:

☆ Speisestärke, Mehl, gemahlene Walnußkerne, Ei, Zucker, Vanillezucker und weiche Butter in eine Schüssel geben. Espresso in heißer Milch auflösen, zu den restlichen Zutaten geben, mit einem Handrührgerät auf niedriger Schaltstufe zu einem Teig verkneten. Diesen kalt stellen. Den Teig auf einer bemehlten Arbeitsfläche 1/2 cm dick ausrollen. Herzen ausstechen und auf ein mit Backtrennpapier ausgelegtes Backblech setzen. Im vorgeheizten Ofen bei 200–225 °C (Gas Stufe 3–4) 6–8 Minuten backen. Erkalten lassen.

☆ Für die Füllung Sahne mit Espresso-Pulver aufkochen, die fein gehackte Kuvertüre in der heißen Sahne auflösen. Kaffeelikör dazugeben, abkühlen lassen. Die erkaltete Creme mit dem Schneebesen schaumig rühren. Je drei Herzen mit der Creme zusammensetzen.

☆ Zum Überziehen der Herzen Kuvertüre nach Anweisung auflösen. Die Dreierherzen mit Hilfe einer Pralinengabel in die Kuvertüre tauchen. Auf Pergamentpapier setzen und trocknen lassen. Puderzucker mit Kirschsaft glattrühren, in eine kleine Papiertüte ohne Spitze geben und eine feine Kontur rund um die Herzen ziehen.

Baumkuchengebäck

150 g Butter oder Margarine,
150 g Zucker, 1 TL Bourbon-Vanillezucker,
3 Eier, 75 g Speisestärke, 75 g Mehl,
45 abgezogene gemahlene Mandeln,
2 EL Amaretto, 1 TL natürliches
Bittermandelaroma, 1 EL Kakao;
zum Überziehen und Verzieren
200 g Halbbitter-Kuvertüre,
200 g weiße Kuvertüre

So wird's gemacht:

☆ Weiches Fett in eine Schüssel geben. Zucker, Vanillezucker, Eier, Speisestärke, Mehl, Mandeln, 1 1/2 EL Amaretto und Bittermandelaroma dazugeben. Alles mit einem Handrührgerät auf der höchsten Schaltstufe gut verrühren, Gesamtrührdauer etwa 2 Minuten. Den Teig teilen, unter die eine Hälfte den Kakao und 1/2 EL Amaretto rühren. Etwa einen EL hellen Teig mit einem Backpinsel gleichmäßig auf den gut gefetteten Boden einer Kastenform (25 cm Länge) streichen, unter dem Grill oder im vorgeheizten Backofen bei 250 °C (Gas Stufe 5) 2–4 Minuten backen, bis der Teig goldbraun ist.

☆ Für die nächste Schicht 1 EL dunklen Teig daraufstreichen und backen. Auf diese Weise weitere Schichten im Wechsel backen, bis beide Teige verbraucht sind. Nach dem Backen den Kuchen behutsam stürzen, erkalten lassen und in Würfel schneiden.

☆ Zum Überziehen die Kuvertüren nach Anweisung auflösen. Die Kuchenwürfel mit Hilfe einer Pralinengabel in dunkle oder weiße Schokolade tauchen und zum Trocknen auf ein Pergamentpapier setzen.

☆ Zum Verzieren restliche Kuvertüre in Papiertütchen ohne Spitze geben und ein Kontrastmuster über die Kuchenwürfel ziehen.

16. Dezember

Weihnachtsring

200 g getrocknete Aprikosen,
150 g getrocknete Pflaumen,
100 g getrocknete Feigen,
150 g Rosinen,
Saft und Schale von je 1 unbehandelten Orange und Zitrone,
6 cl Obstschnaps (z. B. Kirschwasser oder Zwetschgengeist),
200 g weiche Butter, 4 Eier,
100 g Zucker,
2 TL gemahlener Zimt,
1 Päckchen Lebkuchengewürz,
200 g Mehl, 1 TL Backpulver,
120 g geschälte und ungesalzene Erdnüsse, Fett für die Form,
1 Päckchen kandierte Kirschen,
2 EL Aprikosenmarmelade

So wird's gemacht:

☆ Aprikosen, Pflaumen und Feigen grob zerschneiden und zusammen mit den Rosinen in einen Topf geben. Saft und Schale von der Orange und der Zitrone dazugeben und alles einmal aufkochen. Die Masse 2 Minuten köcheln lassen, dabei mehrmals umrühren, damit nichts ansetzt.

☆ Den Obstschnaps untermischen und die Masse im Topf abkühlen lassen. Anschließend die Butter mit dem Schneebesen des Handrührgeräts schaumig schlagen. Nacheinander Eier, Zucker, Zimt, Lebkuchengewürz, Mehl und Backpulver unterrühren. 100 g der Erdnüsse hacken, den Rest zum späteren Garnieren beiseite stellen.

☆ Die gehackten Erdnüsse zusammen mit den Früchten unter den Teig mischen. Alles gut durchkneten.

☆ Eine Springform von 24 cm Durchmesser einfetten, den Teig einfüllen und den Kuchen im vorgeheizten Backofen bei 170 °C (Gas Stufe 2) auf der untersten Schiene 1 1/2 Stunden backen. Dann auf einem Kuchengitter auskühlen lassen. Die kandierten Kirschen und die restlichen Erdnüsse halbieren.

☆ Nun die Aprikosenmarmelade in einem kleinen Topf erwärmen, glattrühren und zügig auf dem Kuchen verteilen. Abwechselnd eine halbe kandierte Kirsche und eine halbe Erdnuß kreisförmig in die Marmelade drücken.

TIP: Besonders weihnachtlich sieht es aus, wenn Sie einzelne Ilexblätter mit weißem Rand in die Mitte des Kuchens geben und zusätzlich drei ungeschälte Erdnüsse darauflegen. Setzen Sie den fertigen Kuchen auf einen so großen flachen Teller, daß Sie rundherum noch eine Dekoration aus einzelnen Ilexblättern aufbringen können. Doch Achtung bei der Verarbeitung des Ilex: Die Blätter sind sehr hart und haben scharfe Kanten, Ilex sticht!

☆ Sind Sie kein Freund von Erdnüssen, können Sie den Kuchen alternativ mit Wal- oder Haselnüssen backen. Auch mit den Gewürzen können Sie gerne „spielen" – wie wäre es zusätzlich mit etwas gemahlenen Nelken, Anis oder auch Ingwer? Sie werden überrascht sein, welche Geschmacksvielfalt sich durch den Austausch bereits einer einzelnen Zutat auftun wird.

☆ Übrigens: Am besten backen Sie den Weihnachtsring bereits einige Tage vor dem großen Fest. Wickeln Sie ihn nach dem Auskühlen gut in Frischhalte- oder Alufolie ein, dann kann er richtig durchziehen. Dekorieren Sie ihn erst unmittelbar vor dem Servieren mit der Aprikosenmarmelade, den Kirschen und den Nüssen.

16. Dezember

Fortsetzung von Seite 131 **Weihnachts-Freuden**

Der Tag erschien! Schon leuchtete das Tageslicht in mein Schlafgemach, als ich erwachte. Was alles durchströmte meine Brust! Es war ja der Tag, an dessen Ende einst zu Betlehem der Welt das größte Heil widerfuhr; es ist ja der Tag, an welchem meine Mama mich jährlich mit reichen Gaben überschüttet. Der Tag verfloß mit Schneckenlangsamkeit; Pakete mußten von der Post geholt werden, geheimnisvoll wurden wir aus der Stube in den Garten vertrieben. Was mag während dieser Zeit dort vorgegangen sein? Dann ging ich in die Klavierstunden, in welche ich wöchentlich am Mittwoch einmal gehe. Ich hatte erst eine *Sonata facile* von Beethoven gespielt und mußte jetzt Variationen spielen. Nun fing es schon an zu dämmern. Die Mama sagte zu mir und meiner Schwester Elisabeth: Die Vorbereitungen sind fast zu Ende. Wie freuten wir uns da. Nun kam die Tante; wir begrüßten sie mit einem Gejauchze oder vielmehr Gebrüll, daß das Haus davon bebte. Das Mädchen meiner Tante folgte ihr und war noch zu Vorbereitungen dienlich. Zuletzt vor der Beschwerung kamen die Frau Pastor Haarseim mit ihrem Sohn. Da, wer beschreibt unsern Jubel, öffnet die Mama die Tür!

Hell strahlt uns der Christbaum entgegen und unter ihm die Fülle der Gaben! Ich sprang nicht, nein, ich stürzte hinein und gelangte merkwürdigerweise grade an meinen Platz. Da erblickte ich ein sehr schönes Buch (obgleich zwei dalagen, denn ich sollte mir auswählen), nämlich die Sagenwelt der Alten mit vielen prächtigen Bildern ausgestattet. Auch einen Schlittschuh fand ich, aber nur einen? Wie würde ich ausgelacht werden, wenn ich versuchen wollte, einen Schlittschuh an zwei Beine zu schnallen. Das wäre doch merkwürdig. Doch sieh einmal, was liegt denn da noch daneben so ganz ungesehen? Bin ich denn so klein, so gering, daß du mich kaum ansiehst? sprach da plötzlich ein dicker Folioband, welcher zwölf vierhändige Sinfonien von Haydn enthielt. Ein freudiger Schrecken durchzuckte mich wie der Blitz die Wolken, also wirklich, der ungeheure Wunsch war erfüllt; der größte! Nebenan erblickte ich auch den zweiten Schlittschuh, und wie ich mir diesen näher besehe, da sah ich plötzlich noch ein paar Hosen. Nun betrachtete ich meinen Weihnachtstisch im ganzen und fragte nach denen, welche es mir geschenkt hatten. Doch wer mag der sein, welcher mir die vielen Noten geschenkt hat? Ich erhielt aber keine andere Auskunft als daß es ein Unbekannter sei, welcher mich bloß dem Namen nach kenne. Dann wurde Tee und Stolle getrunken und gegessen, und nachdem uns die Gäste verlassen hatten und uns Müdigkeit ankam, legten wir uns zur Ruhe.

Friedrich Nietzsche

17. Dezember

Die Heilige Nacht

So ward der Herr Jesus geboren
Im Stall bei der kalten Nacht.
Die Armen, die haben gefroren,
Den Reichen war's warm gemacht.

Sein Vater ist Schreiner gewesen,
Die Mutter war eine Magd.
Sie haben kein Geld nicht besessen,
Sie haben sich wohl geplagt.

Kein Wirt hat ins Haus sie genommen;
Sie waren von Herzen froh,
Daß sie noch in Stall sind gekommen.
Sie legten das Kind auf Stroh.

Die Engel, die haben gesungen,
Daß wohl ein Wunder geschehn.
Da kamen die Hirten gesprungen
Und haben es angesehn.

Die Hirten, die will es erbarmen,
Wie elend das Kindlein sei.
Es ist eine G'schicht' für die Armen,
Kein Reicher war nicht dabei.

Ludwig Thoma

17. Dezember

Weihnachtliche Gießformen

Ob als Stecker für Blumentöpfe oder mit etwas Tannengrün für die Kommode: Der Nikolaus verbreitet mit seinen Gefährten garantiert gute Stimmung.

☆ Das Motiv gibt es als Gießform, die Herstellung ist denkbar einfach: Gießpulver anrühren, die Form mit etwas Puder ausstäuben und ausgießen. Bei Bedarf einen Stab für Blumenstecker in die nasse Gießmasse drücken. Nach einer halben Stunde lösen Sie die Figur aus der Form und entfernen mit einem kleinen Messer überstehende Kanten an der Außenkontur. Dann darf gemalt werden: Jedes Element in einer anderen Farbe, nur ein Motivteil oder die gesamte Form einfarbig bemalen. Goldfarbe, sparsam aufgesetzt, bringt weihnachtlichen Glanz.

☆ Übrigens: Gießpulver gibt es in Terracotta.

Barocker Engel

Blattgold und Patina verleihen diesem Engel sein barockes Aussehen. Wer nicht ganz so viel Zeit und Arbeit investieren möchte, trägt goldene Metallic-Farbe statt Blattgold auf.

Material:

In Weiß ausgegossener Engel (siehe auch links), Patina in Antikgrün, Classic-Farbe in Weiß und Bordeaux, Metallic-Farbe in Gold, Haftgrund und Blattgold, Schellack, Borsten- und Haarpinsel, dicker Rouge-Pinsel, kleiner Schwamm

So wird's gemacht:

✯ Die Flügel des Engels werden separat gegossen.

✯ Alle nicht vergoldeten Teile (Körper und Instrument) antikgrün streichen und trocknen lassen. In einem Schälchen reichlich Weiß mit wenig Wasser verdünnen und diese Mischung zügig mit einem Schwämmchen auf die grünen Bereiche auftragen. Das Weiß noch vor dem Trocknen mit einem Schwamm von den erhabenen Stellen wieder wegwischen; dabei den Schwamm zwischendurch immer wieder gut ausspülen.

✯ Die erhabenen Stellen mit Metallic-Farbe betonen. Hierfür nur wenig Farbe mit dem Borstenpinsel aufnehmen und diesen auf einem Papiertuch abstreifen, ehe Sie ihn ganz leicht auftupfen.

✯ Flächen, die vergoldet werden (Flügel, Band), in Bordeaux streichen, dann mit Schellack überziehen. Nach dem Trocknen den Haftgrund sehr sorgsam gleichmäßig auftragen. Wenn dieser beim Berühren nur noch ganz leicht klebt, Blattgold auflegen, mit dem Rouge-Pinsel antupfen und dadurch auf den Grund niederdrücken (ohne viel Druck). Entstandene Risse mit Blattgold schließen, dann das Blattgold „einkehren": Mit dem Pinsel in kreisenden Bewegungen in den Untergrund einreiben, ohne allzuviel Druck auszuüben. Sollten einige Stellen offengeblieben sein oder Risse entstehen, können Sie partiell nochmals Haftgrund auftragen und Blattgold auflegen.

✯ Kleine Unsauberkeiten an den Übergängen zwischen patinierter Oberfläche und Golddekor übermalen Sie mit einem feinen Haarpinsel mit Patina oder Farbe.

✯ Nach dem Trocknen versiegeln Sie den gesamten Engel mit Schellack.

17. Dezember

Tannenbäume aus Stoff

Material:
Rote und grüne Stoffreste, Karton, Geodreieck, Bleistift, Uhu Bastelkleber, Schaschlikspieße für Stecker, schmale Bändchen für Anhänger

So wird's gemacht:

✯ Alle Bäumchen werden aus gleichseitigen Dreiecken zusammengesetzt, die Sie am besten mit dem Zirkel zeichnen: Von den Endpunkten der Grundlinie (5 cm) aus oberhalb dieser jeweils einen Kreisbogen (5 cm) markieren. Die Enden der Linie mit dem Schnittpunkt der Bogen verbinden.

✯ Für ein großes Bäumchen benötigen Sie je zwei Dreiecke mit 5, 7 und 9 cm Seitenlänge aus Karton. Die Kartonzuschnitte rückseitig auf die Stoffreste kleben und den Stoff bis auf etwa 1 cm zurückschneiden; die Zugabe auf die Kartonrückseite kleben. Setzen Sie die fertigen Dreiecke zu einem Bäumchen zusammen: Die beiden großen Dreiecke deckungsgleich mit ihren Rückseiten aufeinanderkleben; dabei für Steckfiguren einen Schaschlikspieß zwischen die Teile kleben. Jetzt die mittleren Dreiecke von beiden Seiten so aufsetzen, daß die Spitzen der großen überdeckt werden. Zum Schluß die beiden kleinsten Dreiecke ebenso anbringen, dabei eventuell ein Aufhängbändchen einlegen.

✯ Für einen Serviettenring kleben Sie einen 12 x 4 cm großen Kartonstreifen zum Ring, beziehen ihn mit Stoff und kleben auf die Naht ein Tannenbäumchen. Die Dreiecke hierfür haben eine Seitenlänge von 3 und 4 cm.

Spieluhr zum Träumen

Material:

Fimo Modelliermasse,
Modellierstäbchen,
kleines Küchenmesser,
Fimo-Spieluhr,
nach Wunsch Speziallack und Pinsel

So wird's gemacht:

☆ Kleine Stücke der Modelliermasse kneten, bis sie weich sind. Beginnen Sie mit dem Bärchen: Für den Körper eine Kugel rollen und ausmodellieren. Eine dünne Platte auf den Bauch legen und vorsichtig andrücken. Verstreichen Sie die Übergänge gut. Die Arme und Beine aus Rollen herstellen, Hand- und Fußplatten aufsetzen und gut verstreichen. Finger und Zehen durch kleine Ritze mit dem Messer andeuten, dann Arme und Beine ansetzen. Auch hier die Übergänge gut verstreichen. Der Kopf entsteht in derselben Weise aus einer Kugel, Ohren und Mütze werden angesetzt. Modellieren Sie die kleinen Geschenke, das Säckchen und das Bäumchen nach dem Foto oder eigenen Ideen.

☆ Die Modellierscheibe der Spieluhr im Uhrzeigersinn vom Sockel der Uhr herunterdrehen. Eine Bodenplatte aus blauer Modelliermasse fest auf die gerillte Fläche der Scheibe drücken, darauf eine etwas kleinere grüne Platte legen. Alle Modelle aufsetzen und vorsichtig festdrücken. Im vorgeheizten Backofen bei 130 °C etwa 30 Minuten härten. Die Modellierscheibe ist bis 150 °C hitzebeständig. Lassen Sie das Modell im Backofen auskühlen, bevor Sie es lackieren. Jetzt können Sie die Modellierscheibe gegen den Uhrzeigersinn wieder auf den Sockel der Spieluhr schrauben.

17. Dezember

Erdnuß-Snacks

So wird's gemacht:

Karamelisierte Erdnüsse

☆ Zucker in einem großen flachen Topf zur Hälfte schmelzen, dann unter Rühren bräunen. Erdnüsse halbieren, in den Karamel geben. Mit geölten Teelöffeln rasch kleine Häufchen auf eine geölte Arbeitsfläche setzen. Auskühlen lassen.

Erdnuß-Marzipan

☆ Erdnüsse im Blitzhacker fein mahlen. Mit dem Puderzucker und dem Rum vermengen und kalt stellen. Das Marzipan in 10 gleich große Stücke teilen, Kugeln daraus formen. 10 Erdnüsse halbieren und in die Kugeln drücken.

Erdnuß-Schokoriegel

☆ Die Aprikosen mit den Apfelringen im Blitzhacker fein zerkleinern. Die Erdnüsse grob hacken. Die Fruchtmasse mit den gehackten Erdnüssen und der Zitronenschale vermischen. Ein gefettetes Stück Alufolie auf ein Blech legen. Die Masse 1 cm dick daraufstreichen und bei 50 °C (Gas Stufe 1) 4 Stunden trocknen, dabei die Backofentür geöffnet lassen. Die trockene Masse in Riegel schneiden, mit der geschmolzenen Kuvertüre überziehen.

Karamelisierte Erdnüsse
100 g Zucker,
100 g geschälte Erdnüsse,
Öl für die Arbeitsfläche

Erdnuß-Marzipan
100 g geschälte Erdnüsse,
100 g Puderzucker,
2 EL brauner Rum,
10 geschälte Erdnüsse
zum Garnieren
☆
Erdnuß-Schokoriegel
300 g getrocknete Aprikosen,
150 g getrocknete Apfelringe,
150 g geschälte Erdnüsse,
Schale von 1/4 unbehandelter Zitrone,
300 g dunkle Kuvertüre,
Fett für die Folie

Brownies

125 g Butter, 175 g Zucker,
3 Eier,
2 EL Kakaopulver, 150 g Mehl,
50 g Sonnenblumenkerne,
Butter für das Blech

So wird's gemacht:

☆ Den Backofen auf 180 °C (Gas Stufe 2–3) vorheizen. Die Butter mit dem Zucker schaumig rühren. Eier, Kakaopulver und Mehl nach und nach unterrühren. Zuletzt die Sonnenblumenkerne grob hacken und untermischen. Nun aus Alufolie einen Falz von der Länge einer Blechschmalseite knicken. In 12 cm Abstand von dieser Seite auf das Blech legen. Den Teig auf dem mit Backtrennpapier ausgelegten Backblech verstreichen und 18 Minuten backen. Noch heiß in 4 Längsstreifen, dann je in 15 Stücke schneiden.

VARIATION: 30 g Sonnenblumenkerne, 200 g dunkle Kuvertüre.

☆ Die Sonnenblumenkerne grob zerkleinern und in einer Pfanne leicht anrösten. Anschließend die Kuvertüre nach Anweisung auflösen und über die Brownies streichen. Pro Stück einige geröstete Sonnenblumenkerne in den noch feuchten Guß drücken und trocknen lassen. Sie können den Teig auch vor dem Backen mit einer Mischung aus 1 EL Dosenmilch und 1 Ei bestreichen und mit Hagelzucker bestreuen.

TIP: Die Brownies sind so lecker, daß es sich lohnt, gleich eine doppelte Portion davon zu backen (eine evtl. zum Verschenken?). Wenn Sie sie in einer Blechdose aufbewahren, halten sie sich lange frisch.

17. Dezember

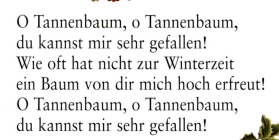

O Tannenbaum, o Tannenbaum,
du kannst mir sehr gefallen!
Wie oft hat nicht zur Winterzeit
ein Baum von dir mich hoch erfreut!
O Tannenbaum, o Tannenbaum,
du kannst mir sehr gefallen!

O Tannenbaum, o Tannenbaum,
dein Kleid will mich was lehren:
Die Hoffnung und Beständigkeit,
gibt Trost und Kraft zu jeder Zeit.
O Tannenbaum, o Tannenbaum,
dein Kleid will mich was lehren.

18. Dezember

Vom Himmel in die tiefsten Klüfte
Ein milder Stern herniederlacht;
Vom Tannenwalde steigen Düfte
Und hauchen durch die Winterlüfte,
Und kerzenhelle wird die Nacht.

Mir ist das Herz so froh erschrocken,
Das ist die liebe Weihnachtszeit!
Ich höre fernher Kirchenglocken
Mich lieblich heimatlich verlocken
In märchenstille Herrlichkeit.

Ein frommer Zauber hält mich wieder,
Anbetend, staunend, muß ich steh'n;
Es sinkt auf meine Augenlider
Ein güld'ner Kindertraum hernieder,
Ich fühl's, ein Wunder ist gescheh'n.

Theodor Storm

18. Dezember

Duftkorb

Die Tage vor Weihnachten sind die Zeit der köstlichen und aromatischen Düfte. Ein Hauch von Anis-, Apfel- und Orangenaroma zieht durch das Haus und verstärkt die frohen Gefühle, das ungeduldige Erwarten des hohen Festes.

Material:

1 geflochtene Korbschale
mit etwa 30 cm Durchmesser,
mehrere Servietten
mit Weihnachtssternmotiv,
3 Äpfel,
je 1 unbehandelte Zitrone
und Orange,
1 Beutel Sternanis

So wird's gemacht:

☆ Schneiden Sie die Zitrone und die Orange jeweils in knapp 1 cm dicke Scheiben. Legen Sie die Scheiben auf ein mit Backtrennpapier ausgelegtes Backblech, und lassen Sie sie im Backofen bei 50 °C (Gas Stufe 1) und geöffneter Tür etwa 4 Stunden lang trocknen. Zwischendurch immer wieder geradedrücken, da sie sich sonst sehr nach oben wölben. Dann über Nacht an eine Heizung stellen, bis die Scheiben durchgetrocknet sind.

☆ Nun das getrocknete Obst bis auf 3 Orangen- und 2 Zitronenscheiben in ein Viertel der Schale legen und mit den Servietten bedecken. Die drei Äpfel blankpolieren und vor die Servietten plazieren. Den Sternanis locker auf der noch freien Fläche verteilen. Legen Sie zum Schluß die Scheiben des getrockneten Obstes auf den Sternanis. Übrigens: Sie können auch Stangenzimt und ganze Nelken zusätzlich in Ihren Duftkorb legen.

Honigkuchen-Schloß

Teig siehe Honigkuchenrezept auf Seite 81.
Zusätzlich 1 Päckchen rote Blattgelatine;
zum Bestreichen und Verzieren 1 Ei,
Hagelzucker, 3 EL Dosenmilch,
Belegkirschen, 500 g Puderzucker,
2 Eiweiß

So wird's gemacht:

☆ Den Honigkuchenteig nach dem Rezept auf Seite 81 herstellen. Aus Papier die Schablonen für die Schloß-Teile entweder nach eigenen Vorstellungen oder gemäß dem Foto (das Bild mit dem Kopierer auf die gewünschte Größe bringen) fertigen. Den Honigkuchen auf einer leicht bemehlten Arbeitsfläche 1/2 cm dick ausrollen. Die Schablonen auf den Teig legen, Boden und Schloß mit einem spitzen Messer ausschneiden, ebenso die Fenster und das Tor. Die ausgeschnittenen Teile später als Tor- und Fensterflügel und zum Verzieren der Front- und Turmspitzen verwenden.

☆ Aus dem restlichen Teig zwei Stützbalken für die Rückseite sowie Streifen für den Zaun und kleine Rechtecke als Steine für die Mauer schneiden. Schloßfassade mit Guß aus verquirltem Ei, Hagelzucker, Dosenmilch sowie mit Belegkirschen verzieren, in die Torflügel Linien einritzen.

☆ Die Teile nicht zu eng auf die mit Soja-Öl gefettete Bleche legen und bei 180 °C (Gas Stufe 2) 15–20 Minuten backen. Gut auskühlen lassen. Puderzucker mit dem Eiweiß zu sehr steifem Schnee schlagen. Damit das Schloß auf dem Boden befestigen, Tor- und Fensterflügel, Stützbalken, Schmuck, Mauern ankleben.

☆ Die rote Gelatine hinter den Fenstern anbringen. Zum Schluß das Ganze mit Guß und Puderzucker „verschneien".

18. Dezember

Sportbeutel für Kinder

Material:

Je 1 Strängchen
Anchor Sticktwist
laut Farbangaben
beim Zählmuster,
20 x 20 cm fadengeraden Stoff,
35 cm Aidaband,
Nadeln Nr. 20 und 22
ohne Spitze;
Applikationspapier

So wird's gemacht:

☆ Alle Motive im Kreuzstich über 2 Gewebefäden arbeiten. Vögel, Gänse und Pinguine 2fädig, Turnschuh, Heißluftballon und Elefant 3fädig sticken. Die Motive mittig auf den Stoffzuschnitt bzw. das Stickband setzen; bei Tieren immer eine ungerade Zahl sticken.

☆ Danach die Stoffe auf die endgültige Größe zuschneiden und Applikationspapier auf die Rückseite bügeln. Die Stickerei auf einen Matchbeutel oder Rucksack bügeln und mit Zickzackstichen festnähen.

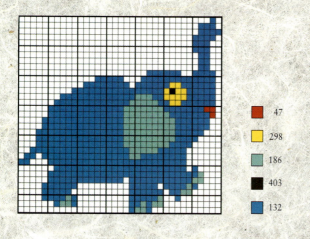

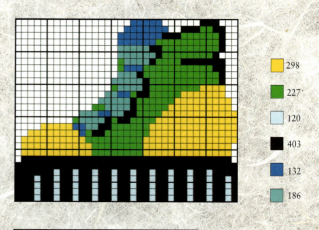

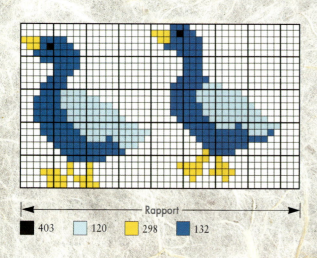

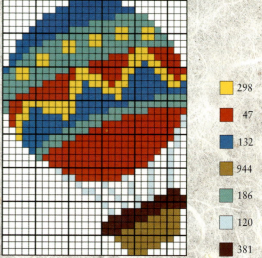

Sportbeutel für Kinder

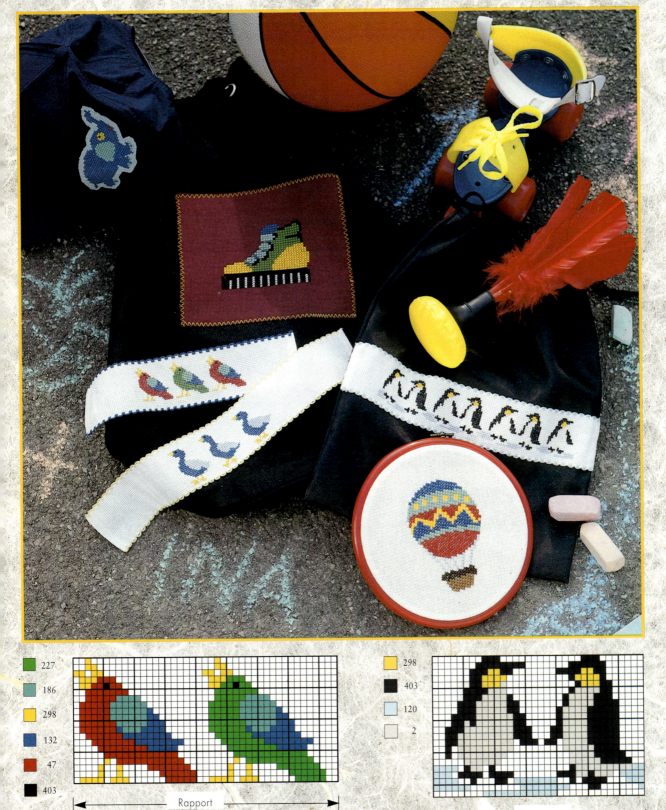

151

18. Dezember

Porter-Cookies

225 g Mehl, 100 g Butter oder Margarine,
225 g Rosinen, 100 g Sultaninen,
50 g rote kandierte Kirschen,
50 g gehackte Mandeln,
30 g gehackte Pistazien,
je 30 g gehacktes Zitronat und Orangeat,
225 g brauner Zucker, abgeriebene Schale
von 1/2 unbehandelten Zitrone,
je 1 Messerspitze Zimt, gemahlene Nelken,
Piment und Kardamom,
1 EL aufgebrühter starker Kaffee,
140 ml dunkles Bier (z.B. Guinness),
1/2 TL Natron, 2 Eier

So wird's gemacht:

✸ Den Backofen auf 175 °C (Gas Stufe 2) vorheizen. Mehl in eine Rührschüssel geben. Fett würfeln und zufügen. Rosinen, Sultaninen und kandierte Kirschen kleinhacken, mit Mandeln, Pistazien, Zitronat, Orangeat, Zucker, Zitronenschale, Gewürzen und Kaffee zum Mehl geben und mit den Knethaken des Handrührgeräts zuerst auf niedriger, dann auf hoher Schaltstufe verkneten.

✸ 2 EL Bier leicht erwärmen und das Natron darin auflösen. Die Eier mit dem restlichen Bier aufschlagen, zusammen mit dem Natron zum Mehl geben und unterkneten. Ein Backblech mit Backtrennpapier auslegen. Mit Hilfe von 2 Teelöffeln kleine Teighäufchen daraufsetzen. Im vorgeheizten Backofen auf der mittleren Schiene etwa 15 Minuten backen.

TIP: Die Porter-Cookies sind ein typisch irisches Gebäck. Sie halten sich besonders lange frisch und saftig, wenn sie in einer gut zu verschließenden Blechdose aufbewahrt werden.

✸ Übrigens: Mit einem Guß aus Puderzucker und einem Eßlöffel Rum schmecken sie noch besser.

Linzer Herzen

300 g Mehl, 150 g Puderzucker,
1 Päckchen Vanillezucker, 1 Prise Salz,
200 g Butter oder Margarine,
3 Eigelb, Mehl für die Arbeitsfläche,
2 EL gehackte Mandeln,
100 g Himbeergelee,
Puderzucker zum Bestäuben

So wird's gemacht:

☆ Mehl, 120 g Puderzucker, Vanillezucker, Salz, Fett und 2 Eigelb in eine Rührschüssel geben und mit den Knethaken des Handrührgeräts zu einem glatten Teig verkneten. Diesen in Frischhaltefolie wickeln und 1 Stunde kalt stellen. Den Backofen auf 200 °C (Gas Stufe 3) vorheizen.

☆ Den Teig auf einer bemehlten Arbeitsfläche etwa 3 mm dick ausrollen und Herzen von 4–5 cm Durchmesser ausstechen. Aus der Hälfte der Herzen nochmals kleine Herzen herausstechen. Restlichen Teig wieder verkneten, ausrollen und ausstechen, bis er aufgebraucht ist. Die Herzoberteile mit dem letzten verquirlten Eigelb bestreichen und mit den Mandeln bestreuen.

☆ Alle Herzteile auf ein mit Backtrennpapier ausgelegtes Backblech setzen und etwa 10 Minuten backen. Sie sollen sehr hell bleiben und dürfen nicht braun werden! Die noch warmen Herzunterteile mit dem Himbeergelee bestreichen. Die Herzoberteile mit gesiebtem Puderzucker bestreuen und vorsichtig auf die Unterteile setzen, so daß der Puderzucker nicht verwischt.

☆ Die Herzmitten eventuell zusätzlich mit etwas leicht erwärmtem Himbeergelee füllen. Zum Aufbewahren lagenweise mit Klarsichtfolie dazwischen in Dosen schichten.

18. Dezember

Alle Jahre wieder

Alle Jahre wieder
kommt das Christus-Kind
auf die Erde nieder,
wo wir Menschen sind.

Kehrt mit seinem Segen
ein in jedes Haus,
geht auf allen Wegen
mit uns ein und aus.

Steht auch dir zur Seite
still und unerkannt,
daß es treu dich leite
an der lieben Hand.

19. Dezember

Das Weihnachtsbäumlein

Es war einmal ein Tännelein
mit braunen Kuchenherzelein
und Glitzergold und Äpflein fein
und vielen bunten Kerzlein:
Das war am Weihnachtsfest so grün,
als fing es eben an zu blüh'n.

Doch nach nicht gar zu langer Zeit,
da stand's im Garten unten,
und seine ganze Herrlichkeit
war, ach, dahingeschwunden.
Die grünen Nadeln war'n verdorrt,
die Herzlein und die Kerzlein fort.

Bis eines Tags der Gärtner kam,
den fror zuhaus im Dunkeln,
und es in seinen Ofen nahm,
ahei! tat's da sprüh'n und funkeln!
Und flammte jubelnd himmelwärts
in hundert Flämmlein an Gottes Herz.

Christian Morgenstern

19. Dezember

Festtisch mit Apfeldekoration

Material:

1 Vliesdecke in Rot,
5 Vliesdecken in Weiß mit
Weihnachtsmann-Motiv,
Servietten mit demselben Muster,
Servietten in Rot, Satingeschenkband
in Rot (10 cm breit),
Kordelband in Rot und Gold,
mittelgroße Äpfel mit roten Backen
(z.B. Jonagold, Cox Orange, Morgenduft),
1 Styroporkegel (30 cm hoch),
Blumendraht, Tannengrün,
4 kleine braune Bären, Walnüsse,
roter Filz, Rest weißer Filz,
Watte, Klebstoff, Schere,
doppelseitiges Klebeband

So wird's gemacht:

✶ Das Tannengrün in kleine Stücke schneiden und jedes Stück an etwa 10 cm langen Blumendraht andrahten. Die Äpfel ebenfalls andrahten. Nun von unten beginnend den Styroporkegel mit Tannenzweigen und Äpfeln verzieren, dabei die Blumendrahtenden immer so in das Styropor drücken, daß alle Teile gut festsitzen. Eventuell zusätzlich mit Klebstoff befestigen. Dabei sollten Sie den Kegel immer drehen, damit Sie eine gleichmäßige Außenseite erhalten.

✶ Für die kleinen Apfelmännchen jeweils einen spitzen Hut aus einem roten Filzstück kleben. Den Rand mit einem schmalen weißen Filzstreifen, die Spitze mit einer winzigen Wattekugel verzieren. In eine Walnuß unten ein kleines Loch bohren, diese dann mit einem Stück Blumendraht in die Blütenseite des Apfels stecken. Das obere Drittel einer gemusterten Serviette nach innen umschlagen, die Serviette an dieser Stelle raffen und mit einem Stück Kordel um den „Hals" des Apfelmännchens binden. Hübsch in Form zupfen. Zum Schluß den Hut mit wenig Klebstoff auf der Nuß befestigen.

✶ Zuerst die rote Decke auf den Tisch legen. Dann die 4 gemusterten Decken, mit jeweils einer Spitze in die Mitte des Tisches weisend, mit Doppelklebeband auf der roten Decke befestigen. Die gegenüberliegenden Spitzen sollten bis auf den Boden herabhängen. Arbeiten Sie aus der 5. Decke vier gleich große Schleifen. Nun raffen Sie den herunterhängenden Teil etwa auf der Mitte zwischen Tischfläche und Boden mit einer großen Schleife aus rotem Satinband und einer Deckenschleife zusammen. Etwa 1 m Kordel abschneiden und locker dazwischenziehen, so daß lange Enden hübsch herabhängen. Ein kleines Gesteck aus Tannengrün und einem Bärchen über der Bindestelle anbringen. Schließlich noch den Tisch decken – fertig!

19. Dezember

Bananen-Pistazien-Kuchen

*50 g Butter oder Margarine,
50 g Zucker, 1 TL Bourbon-Vanillezucker,
1 Ei, 50 g Speisestärke, 75 g Mehl,
1 gestrichener TL Backpulver,
30 g gemahlene Pistazienkerne,
1 kleine Banane (125 g),
1–2 EL grüner Bananenlikör;
für den Guß 100 g Puderzucker,
2 EL grüner Bananenlikör;
zum Verzieren 1 EL gemahlene
Pistazienkerne, 12 Bananenchips,
6 Pistazienkerne*

So wird's gemacht:

☆ Weiches Fett, Zucker, Vanillezucker, Ei, Speisestärke, Mehl, Backpulver und gemahlene Pistazien bis auf einen Eßlöffel voll in eine Schüssel geben. Banane zusammen mit dem Bananenlikör pürieren oder mit einer Gabel zerdrücken. Diese Masse zu den restlichen Zutaten geben und alles mit einem Handrührgerät auf der höchsten Schaltstufe gut verrühren. Die Gesamtrührzeit sollte etwa 2 Minuten betragen.

☆ Den Teig bis 1/2 cm unter dem Rand in gefettete Patisserie-Kleinbackförmchen füllen und im vorgeheizten Backofen bei 175–200 °C (Gas Stufe 2–3) 15–20 Minuten backen. Die Kuchen auf einen Rost geben und erkalten lassen.

☆ Puderzucker mit dem Bananenlikör glattrühren. Die kleinen Kuchen damit bestreichen. Mit gemahlenen Pistazien bestreuen und, solange der Guß noch feucht ist, Bananenchips und halbierte Pistazienkerne aufdrücken. Den Guß ganz auskühlen lassen und die Kuchen bis zum Verschenken in gut schließenden Blechdosen aufbewahren.

☆ Zum Verschenken die Kuchen auf einen Weihnachtsteller oder dergleichen geben, in Klarsichtfolie hüllen und mit einem Band verzieren.

Bananen-Chutney

90 g ungeschwefelte Rosinen,
3 EL Cognac oder Weinbrand,
375 g geschälte Bananen, 35 g Butter,
375 g frisches Ananasfruchtfleisch,
180 g Zwiebeln, 150 g Zucker,
2 Messerspitzen Cayennepfeffer,
150 ml Zitronenessig,
1 1/2 TL Senfpulver,
1 gestrichener TL Kurkuma,
1 gestrichener TL Ingwerpulver

So wird's gemacht:

☆ Die Rosinen einen halben Tag lang in Cognac oder Weinbrand marinieren. Die Bananen in Scheiben schneiden und in der heißen Butter braten. Die Ananas in Stückchen und die geschälten Zwiebeln in kleine Würfel schneiden. Bananen, Ananas, Zwiebeln, Rosinen und den Zucker in einem mittelgroßen Topf mischen und 15 Minuten kochen lassen.

☆ Dann die übrigen Zutaten dazugeben und weitere 15 Minuten köcheln. Das Chutney sofort in heiß ausgespülte Twist-off-Gläser füllen, diese verschließen und 10 Minuten auf den Kopf stellen. Anschließend zum weiteren Abkühlen zurückdrehen. Oder Sie füllen die Masse in Gläser mit einem dichten Bügelverschluß.

TIP: Chutneys sind das ideale Geschenk für alle Liebhaber guten Essens. Chutneys passen am besten zu kurzgebratenem oder gegrilltem Fleisch, Scampis und Huhn. Mit einer Prise abgeriebener Orangenschale oder einigen gehackten Mandeln können Sie sie noch verfeinern und geschmacklich etwas abändern. Das Chutney ist im geschlossenen Glas 3 Monate, nach dem Öffnen im Kühlschrank 10 Tage haltbar.

19. Dezember

Haferflockenplätzchen

325 g Butter, 225 g Zucker,
550 g Haferflocken, 1 Eigelb,
50 g gemahlene Mandeln,
abgeriebene Schale
von 1 unbehandelten Zitrone,
1 TL Backpulver, 1 Eiweiß

So wird's gemacht:

★ 200 g Butter erhitzen und 100 g Zucker darin karamelisieren. 300 g Haferflocken zufügen und rühren, bis sie braun und knusprig aussehen. Die Masse erkalten lassen, in einem Küchenhandtuch mit einem Teigroller zerkleinern und beiseite stellen. Restliche Butter, Zucker und Eigelb schaumig rühren, restliche Haferflocken, Mandeln, Zitronenschale und Backpulver unterrühren. Eiweiß steif schlagen, unter die Masse ziehen und den Teig auf einer bemehlten Arbeitsfläche ausrollen. Plätzchen in den gewünschten Formen ausstechen, auf ein mit Backtrennpapier ausgelegtes Backblech setzen und mit den Haferbröseln bestreuen. Bei 190 °C (Gas knapp Stufe 3) im vorgeheizten Backofen 15 Minuten backen.

TIP: Für Plätzchen-Genießer gibt es hier noch ein ganz besonderes Rezept:

Nußhappen

Für den Teig:
200 g Butter,
220 g Rohrzucker, 2 Eier, 1 TL Zimt,
100 g feingemahlene Haselnüsse,
100 g grob gehackte Haselnüsse,
100 g geriebene Vollmilch-
Blockschokolade,
100 g Mehl, gemischt mit
2 TL Backpulver, 2 EL Rum

Für den Guß:
200 g Puderzucker und
2 EL Rum oder 200 g Puderzucker
mit 2 TL Instant-Kaffee,
gelöst in 2 EL heißem Wasser,
Mokkabohnen zum Verzieren

So wird's gemacht:

★ Alle Teigzutaten in eine Schüssel geben und mit den Knethaken des Handrührgeräts zuerst auf niedriger, dann auf hoher Schaltstufe zu einem glatten Teig verkneten, diesen kalt stellen. Den Teig anschließend etwa 1 cm dick ausrollen und auf ein mit Backtrennpapier ausgelegtes Backblech geben.

★ Im vorgeheizten Backofen bei 175 °C (Gas Stufe 2) etwa 25 Minuten backen. Aus dem Ofen nehmen und noch heiß mit einem der Güsse bestreichen. Rasch in Quadrate schneiden und auf jedes Quadrat eine Mokkabohne drücken.

★ Wenn Sie oder Ihre Freunde noch eine andere Variante kosten wollen, probieren Sie doch einfach einmal folgendes aus: Ersetzen Sie bei den Teigzutaten die Haselnüsse durch Mandeln (gemahlene und grob gehackte) und den Rum durch Amaretto. Dann auch bei dem Guß den Rum mit Amaretto

Haferflockenplätzchen/Nußhappen

austauschen. Zum Verzieren verwenden Sie nun statt der Mokkabohnen kleine Amarettini; das sind etwa 50-Pfennig-Stück-große Mandelplätzchen, die Sie in den Italienabteilungen der Supermärkte oder bei italienischen Lebensmittelhändlern bekommen.
☆ Eine weitere Variation enthält getrocknete Pflaumen statt der Nüsse und Arrak statt Rum oder Amaretto. Probieren Sie die Vielfalt der Möglichkeiten aus! Wenn Sie erst mal so richtig auf den Geschmack gekommen sind, fallen Ihnen sicherlich noch viel mehr Verwandlungsmöglichkeiten für dieses einfache, doch gerade darum so hinreißend zu verändernde Rezept ein, das eine interessante Variante zu den herkömmlichen Weihnachtsplätzchen ist.

19. Dezember

Am Weihnachtsbaum

Am Weihnachtsbaum die Lichter brennen,
wie glänzt er festlich, lieb und mild
als spräch er: "Wollt in mir erkennen
getreuer Hoffnung stilles Bild!"

Die Kinder steh'n mit hellen Blicken,
das Auge lacht, es lacht das Herz;
o fröhlich-seliges Entzücken!
Die Alten schauen himmelwärts.

❋

Zwei Engel sind hereingetreten,
kein Auge hat sie kommen seh'n;
sie geh'n zum Weihnachtstisch und beten
und wenden wieder sich und geh'n.

❋

Kein Ohr hat ihren Spruch vernommen;
unsichtbar jedes Menschen Blick
sind sie gegangen wie gekommen;
doch Gotten Segen blieb zurück!

20. Dezember

Vor dem Christbaum

Da guck einmal, was gestern nacht
Christkindlein alles mir gebracht:
**Ein Räppchen,
ein Wägelein,
ein Käppchen,
ein Krägelein;
ein Tütchen
und ein Rütchen;
ein Büchlein
voller Sprüchlein;**
das Tütchen, wenn ich fleißig lern',
ein Rütchen, tät' ich es nicht gern,
und nun erst gar den Weihnachtsbaum,
ein schön'rer steht im Walde kaum.
Ja, schau nur her und schau nur hin
und schau, wie ich so glücklich bin.

Friedrich Güll

Der Weihnachtsbär ist da!

Eine lustige Kinderdekoration, an der bestimmt auch alle Erwachsenen ihre Freude haben werden, dreht sich rund um eine der wichtigsten Personen in dieser festlichen Zeit: den Weihnachtsmann – der hier von einem Bären vertreten wird. Munter tummelt er sich zwischen schneebedeckten Tannen. Das Gegenstück zu dem auf dem Papier besteht aus leckerem Honigkuchen.

Material:

Braunes Packpapier,
Servietten in Braun,
Plakafarben in Weiß, Rot, Grün und Blau,
ein schmaler Pinsel, Bleistift, je ein Filzstift mit dünner und dicker Spitze in Schwarz,
flache Schachtel, Weihnachtsgrün,
mitteldicke Stumpenkerzen, Schachtel in Sternform, Nüsse, kleine Holzeisenbahn, Perlenketten, Bären in unterschiedlichen Formen, Nüsse, Plätzchen in unterschiedlichen Formen, Zuckerstangen.
Die Zutaten für das Grundrezept für die Honigkuchenbären finden Sie auf Seite 81;
für den Guß benötigen Sie
250 g Puderzucker, 2–3 EL Wasser,
Speisefarben in Rot und Blau,
Papier für die Schablone, Schere

So wird's gemacht:

☆ Setzen Sie den Honigkuchenteig genau nach dem angegebenen Rezept an. Dann fertigen Sie aus Papier eine Bärenschablone in der gewünschten Form und Größe. Dafür zeichnen Sie entweder einen Bären nach Ihren eigenen Vorstellungen, oder Sie vergrößern das hier gezeigte Foto auf das benötigte Maß. Rollen Sie den Teig etwa 1 cm dick aus, legen Sie die Schablone darauf, und schneiden Sie die Weihnachtsbären mit einem scharfen Messer aus.

☆ Alle Bären auf ein mit Backtrennpapier ausgelegtes Backblech legen und nach Rezept backen. Aus dem Puderzucker und dem Wasser einen streichfähigen Guß anrühren, 1/3 davon weiß lassen, 1/3 rot und das letzte Drittel blau einfärben. Die noch heißen Bären sofort nach dem Backen mit dem Guß verzieren (Mützen in Rot und Weiß, Schal oder Pulli in Blau oder nach eigenen Wünschen).

☆ Legen Sie das Packpapier möglichst großflächig auf Ihrem Arbeitstisch aus. Zeichnen Sie mit Bleistift die gewünschten Weihnachtsbären und Tannen auf das Papier. Die einzelnen Bärchen bekommen unterschiedliche Kleidung: mal einen Schal, mal einen Pulli; mal ist die Mütze über die Augen gerutscht, mal sitzt sie keck auf einem Ohr. Sie sollten die einzelnen Motive nicht zu weit auseinandersetzen, damit der spätere Gesamteindruck üppig ist. Sieht alles Ihren Vorstellungen entsprechend aus, zeichnen Sie die Konturen mit den entsprechenden Filzstiften nach.

☆ Die Kleidung mit Pinsel und Plakafarben ausmalen. Alles gut trocknen lassen, dann das Papier vorsichtig auf eine Papprolle wickeln, damit es vor dem Aufdecken nicht verknickt. Servietten entsprechend verzieren. Dabei sollten die Farben mit nur sehr wenig Wasser vermalt werden, da sich die Servietten sonst stark kräuseln.

☆ Zum Essen oder gemütlichen Beisammensein den Tisch mit dem bemalten Papier decken, eine Schale mit Weihnachtsgrün und Kerzen bestücken und locker darauf Nüsse, Naschwerk, Ketten und Lebkuchenmänner verteilen.

20. Dezember

Gestickte Eisblumen

Diese liebevollen Stickereien machen selbst aus dem kleinsten Präsent etwas ganz Außergewöhnliches. Der Jahreszeit entsprechend wurden filigrane Eisblumen für die Geschenkanhänger gewählt.

★ Haben Sie schon einmal gestickte Weihnachtsgrüße verschickt? Die Eisblumen eignen sich hervorragend dafür. Besorgen Sie sich fertige Passepartout-Karten in einer passenden Farbe, zum Beispiel einem Blauton. Karten aus Büttenpapier und Wellpappe gibt es in unterschiedlichsten Formen. Sind Sie mit dem Angebot fertiger Karten nicht glücklich, schneiden Sie sich aus handgeschöpftem Büttenpapier selbst ein Passepartout. Die Farbauswahl dabei ist fast unbegrenzt. Die fertige Stickerei wird hinter den Ausschnitt geklebt.

★ Wunderschön wirken die gestickten Eisblumen auch als Bild. Wählen Sie hierfür ein breites, helles Passepartout mit einem dünnen blauen Streifen oder einen blauen Holz-Bilderrahmen.

Material:

Pro Geschenkanhänger 40 x 20 cm fadengeraden Stoff, 20 x 20 cm Volumenvlies, 70 cm blaues Schrägband, Nadel Nr. 22 ohne Spitze, Anchor Lamé in Blau 320

So wird's gemacht:

★ Die Größe der fertigen Stickerei beträgt etwa 15 x 15 cm. Teilen Sie den Stickstoff auf 20 x 20 cm. Das Motiv in die Mitte eines der beiden Zuschnitte sticken. Es wird im Kreuzstich gearbeitet.

★ Anschließend die fertige Stickerei, das Volumenvlies und den unbestickten Stoff aufeinanderlegen. Schneiden Sie die drei Lagen auf 15 x 15 cm zurück, und nähen Sie sie im Zickzackstich zusammen. Zum Schluß die Kanten mit Schrägband einfassen.

★ Aus dem restlichen Schrägband ein schmales Bändchen falten, absteppen und dieses als Aufhänger in einer Ecke anbringen.

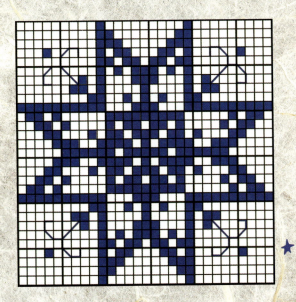 

Gestickte Eisblumen

20. Dezember

Butterplätzchen

250 g Butter, 100 g Zucker, 1 Ei,
300 g Mehl, 50 g Speisestärke,
1 gestrichener TL Backpulver,
2–3 EL süße Sahne

So wird's gemacht:

✯ Weiche Butter in eine Schüssel geben. Zucker, Ei, Mehl, Speisestärke und Backpulver daraufgeben und alles mit den Rührhaken des Handrührgeräts zuerst auf einer niedrigen, dann auf einer hohen Schaltstufe zu einem glatten Teig verarbeiten. Die Gesamtrührdauer sollte etwa 2 Minuten betragen.

✯ Den Teig in einen Spritzbeutel mit glattem Tüllenrand geben, kleine Häufchen auf ein mit Backtrennpapier ausgelegtes Backblech setzen. Die Plätzchen im vorgeheizten Backofen bei 200–225 °C (Gas Stufe 3–4) 10–12 Minuten backen.

TIP: Sind Ihnen die Plätzchen zu schlicht, können Sie folgende Varianten ausprobieren: Geben Sie dem Grundteig 1 TL Zitronensaft und die abgeriebene Schale einer unbehandelten Zitrone zu. Diese Zitronenplätzchen vertragen gut einen entsprechenden Guß: 200 g Puderzucker mit 1–2 EL Zitronensaft glattrühren und auf die erkalteten Häufchen pinseln.

✯ Sehr gut kommt auch Orangengeschmack bei Leckermäulern an. Dafür die abgeriebene Schale einer unbehandelten Orange und 1 TL Orangensaft zum Grundteig geben, den Puderzucker für den Guß mit 1–2 EL Orangensaft oder, für die etwas älteren Genießer, mit Cointreau oder anderem Orangenlikör anrühren.

Brunsli

250 g gemahlene Mandeln,
250 g Puderzucker, 50 g Kakao,
je 1 Prise gemahlene Nelken und Zimt,
1 Päckchen Vanillezucker,
2 EL Kirschwasser, 2 Eiweiß,
Zucker für die Arbeitsfläche,
ca. 50 g Puderzucker zum Bestreuen

So wird's gemacht:

☆ Mandeln in eine Rührschüssel geben, Puderzucker darübersieben und mit Kakao, Gewürzen, Vanillezucker und Kirschwasser mischen. Eiweiß sehr steif schlagen, nach und nach so viel unter die Mandelmasse ziehen, bis ein fester Teig entstanden ist. Diesen in Frischhaltefolie wickeln und 1 Stunde im Kühlschrank kalt stellen. Dann den Teig auf einer gezuckerten Fläche gut 1 cm dick ausrollen und Sterne von 3–4 cm Durchmesser ausstechen.

☆ Die Plätzchen auf ein mit Backtrennpapier ausgelegtes Backblech setzen und 3–4 Stunden trocknen lassen. Backofen auf 200 °C (Gas Stufe 3) vorheizen. Plätzchen darin 6–8 Minuten backen. Sie sollen innen noch etwas feucht sein. Dann herausnehmen und abkühlen lassen.

☆ Die kalten Sterne mit etwas Wasser bestreichen, mit dem Zucker bestreuen.

TIP: Sie können den Teig statt auf Zucker auch zwischen zwei Lagen Alu- oder Klarsichtfolie ausrollen, dann werden die Plätzchen nicht so süß. Dabei die Folien aber während des Ausrollens immer wieder vom Teig ziehen und erneut auflegen, damit er wirklich überall gleichmäßig dick wird. Außerdem reißt er dann zum Schluß beim Ausstechen nicht weg.

20. Dezember

Ich träumte in der Weihnachtsnacht

Ich träumte in der Weihnachtsnacht, ich wanderte durch die Tiefen des Himmels und sah einen Engel über die Wolken gehen. Die Lichtgestalt lächelte und trat zu mir und sagte: „Kennst du mich? Ich bin der Engel des Friedens. Ich tröste die Menschen und bin bei ihnen in ihrem großen Kummer. Wenn er zu groß wird, wenn sie sich auf dem harten Boden der Erde wundgelegen haben, so nehme ich ihre Seele an mein Herz und trage sie zur Höhe und lege sie auf die weiche Wolke des Todes nieder. Alle diese Wolken ziehen mit ihren Schläfern gen Morgen, und wenn die Sonne aufgeht, erwachen sie und leben."

Jean Paul

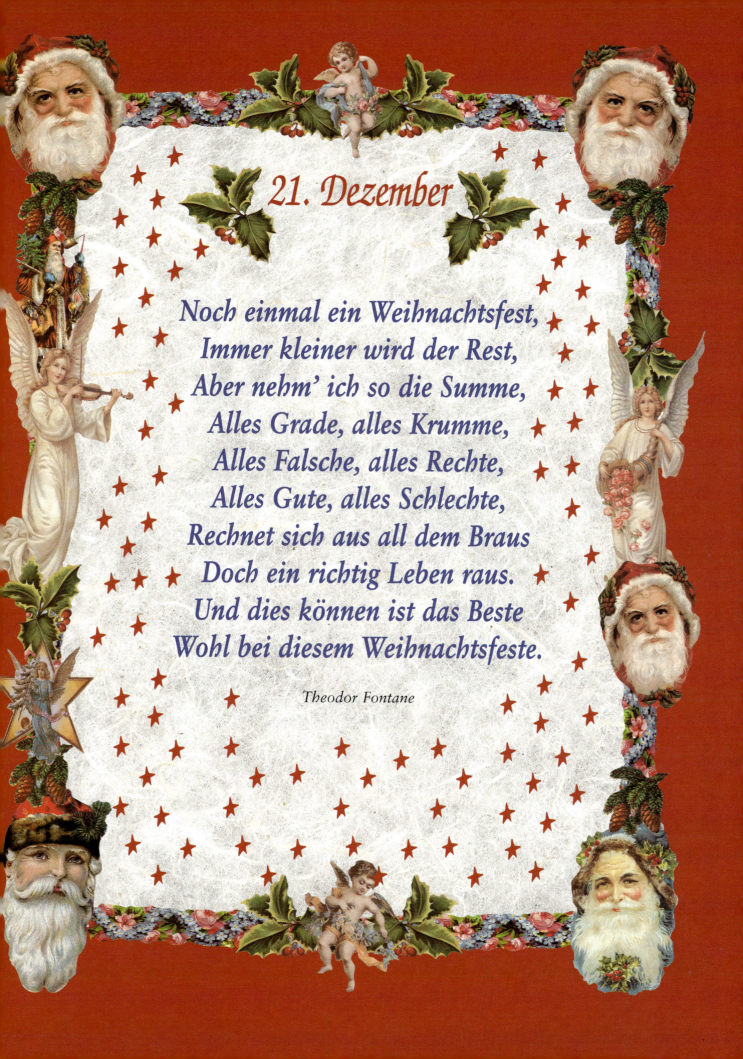

21. Dezember

Noch einmal ein Weihnachtsfest,
Immer kleiner wird der Rest,
Aber nehm' ich so die Summe,
Alles Grade, alles Krumme,
Alles Falsche, alles Rechte,
Alles Gute, alles Schlechte,
Rechnet sich aus all dem Braus
Doch ein richtig Leben raus.
Und dies können ist das Beste
Wohl bei diesem Weihnachtsfeste.

Theodor Fontane

Sternstunden für den Tisch

Über und über mit goldenen Sternen dekoriert, wird Ihr Tisch zu einer festlichen Tafel. Sehr edel wirkt das Arrangement, wenn sowohl Tischdecke als auch Geschirr in Weiß, eventuell mit feinem Goldrand, gehalten sind. Vervollständigen Sie das Bild mit sternförmigen Kerzen in verschiedenen Größen, die Sie über den gesamten Tisch verteilen.

Servietten mit Silbersternen und Goldrand gibt es fertig zu kaufen. Wer möchte, kann sie aber auch selbst fertigen: Die Sternschablonen (siehe Anleitung) auf Zellstoffservietten legen und dünn mit silberner Bastelfarbe ausmalen. Goldkonturiert, vielleicht noch mit einem goldenen Schriftzug versehen, wird's perfekt.

Material:
Goldene Mikro-Wellpappe (Schreibwarengeschäft, Hobbybedarf), je 1 großer und kleiner Papier- oder Kartonbogen sowie Zirkel und Lineal für die Schablonen, Bleistift, Bastelmesser und dicker Karton oder Schneidewiese als Unterlage oder scharfe Schere, Klebstoff für Serviettenringe

So wird's gemacht:

★ Um die Größe Ihres Tischsets zu bestimmen, messen Sie einen Ihrer Teller aus. Für die Schablone schlagen Sie mit dem Zirkel einen entsprechend großen Kreis. Vom selben Einstechpunkt aus einen größeren Kreis schlagen – dieser bestimmt die Zackenlänge der Sterne, also die Endgröße des Sets. Teilen Sie Ihren Kreis wie einen Kuchen in 8 Segmente; dabei die Linien immer bis zum Außenkreis durchziehen.

★ Jetzt markieren Sie auf dem Innenkreis die Mitte zwischen zwei Teilungslinien und verbinden diesen Punkt mit dem Endpunkt der Teilungslinien auf dem Außenkreis. Die Sternschablone zuschneiden.

★ Als Vorlage für die kleinen Sterne können große Ausstechformen, die Kerzenständer oder sogar die Sterne der Servietten dienen. Sie können auch mit dem Zirkel weitere Sterne entwerfen. Frei gemalte Sterne haben völlig eigene, wunderschöne Wirkung.

★ Zeichnen Sie die Sterne auf die Rückseite der Wellpappe, und schneiden Sie sie zu. Am besten geht dies mit einem Bastelmesser; schneiden Sie dabei von innen nach außen, und benutzen Sie unbedingt die Schneideunterlage, um den Tisch vor Schnitten zu schützen. Auch eine scharfen Schere eignet sich zum Zuschneiden der Wellpappe.

★ Für die Serviettenringe einen etwa 1,5–2 cm breiten Kartonstreifen zum Ring zusammenkleben und auf die Nahtstelle einen kleinen Stern setzen. Falten Sie die halb aufgeschlagenen Servietten fächerartig (im Bild vorne); die Falten aber nicht knicken. Oder fassen Sie die ganz aufgefalteten Servietten in der Mitte, und schlagen Sie sie einmal leicht aus (beide Servietten im Hintergrund). Serviettenringe überstreifen und die Servietten zurechtzupfen.

★ Das Tischgesteck wurde aus Efeu gestaltet. Auch die dunkle Farbe von Buchsbaum kommt gut zur Geltung. Bei üppigeren Gestecken sollten Sie allerdings kleinere Sterne darin verteilen. Verzichten Sie auf jeden Fall auf bunte Accessoires. Ein kleiner Weihnachtsmann oder ein goldener Engel reicht aus.

21. Dezember

Schön eingewickelt

Material:

Packpapier, Wellpappe, Geschenkfolie, Glanzpapier, Sternchengirlande und etwas Perlenkette (vom Baumbehang) in Rot; Klebstoff, Klebefilm, Packpapiertüten (Gemüseladen), Schnur, Goldperlen, dicke Gold- und Silberstifte

So wird's gemacht:

☆ Verpacken Sie Ihre Geschenke in Packpapier oder Wellpappe. Zum Zukleben eignet sich Klebstoff. Für den großen Stern ein Quadrat mehrfach diagonal falten. Die obere offene Ecke schräg zur Spitze abschneiden und in den Seiten kleine Dreiecke ausschneiden. Nach dem Auffalten kleben Sie den Stern auf das Päckchen. Die Mitte ziert eine spiralförmig aufgeklebte Perlenkette. Für die Rosetten einen Streifen Folie ziehharmonikaartig falten. Eine Schmalseite schräg zur Spitze abschneiden, dann den Streifen zur Rosette legen. Kleben Sie die Schmalkanten mit Klebestreifen zusammen. Auf dem Geschenk werden die Sterne mit wenig Klebstoff befestigt. Die Girlanden wickeln Sie um das verpackte Präsent.

☆ Für die Tüten (rechte Seite) mit den Stiften die gewünschten Motive aufmalen. Bringen Sie oben eine Schnur als Trageschlaufen an. Oder schneiden Sie den Rand zackig ab, und klappen Sie ihn um. Sie können ihn auch mit einer Zacken- oder Wellenschere nachschneiden. Zum Schließen ein doppelt gelegtes Stück Schnur durch ein Loch ziehen, die Enden durch die Schlaufe ziehen und mit Perlen verzieren.

Schön eingewickelt

175

21. Dezember

Kokos-Crisps

100 g Butter oder Margarine, 1 Ei,
150 g brauner Zucker, 150 g Mehl,
1/2 TL Backpulver, 75 g Kokosflocken,
50 g Haferflocken, 2–3 EL Dosenmilch

So wird's gemacht:

☆ Das weiche Fett mit dem Ei und 125 g vom braunen Zucker verrühren. Mehl, Backpulver, 50 g Kokosflocken und die Haferflocken hinzufügen, untermischen und den Teig 1–2 Stunden zugedeckt kalt stellen.

☆ Den Backofen auf 175 °C (Gas Stufe 2) vorheizen. Ein Backblech mit Backtrennpapier auslegen. Die restlichen je 25 g Kokosflocken und braunen Zucker mischen. Aus dem Teig walnußgroße Häufchen formen. Deren Oberseite mit der Dosenmilch bestreichen und leicht in die Kokos-Zucker-Mischung drücken. Die Plätzchen auf das Blech setzen und auf der mittleren Schiene etwa 15 Minuten backen. Die Crisps sollten noch hell aus dem Ofen kommen.

TIP: Sie können die Plätzchen statt mit Kokosflocken auch mit Hasel- oder Walnüssen herstellen. Dazu verwenden Sie für den Teig 75 g feingemahlene Haselnüsse. Davon kommen 50 g direkt in den Teig, 25 g bleiben zum Rollen der Kugeln übrig. 2–3 Tropfen Bittermandelöl im Teig verstärken zusätzlich den Nußgeschmack. Mit den Walnüssen verfahren Sie ebenso: 50 g werden feingemahlen und direkt in den Teig gemischt, 25 g grob gehackt, mit dem braunen Zucker vermengt und zum Verzieren benutzt. Wir wünschen guten Appetit!

Weihnachtliches Dreierlei

Apfelschnecken
1 Apfel, 1 EL gehackte Pinienkerne,
1 Prise Zimt, 1 EL Apfelkraut, 1 Eigelb

Kernige Hörnchen
40 g Marzipan, je 1 TL gehackte
Sonnenblumenkerne, Haselnüsse
und Mandeln, 1 TL Zucker,
1 TL Rum, 1 Eigelb

Liebenschleifen
1 Eigelb

Für alle Rezepte:
1 Paket TK-Blätterteig;
zum Verzieren 1 EL Aprikosenkonfitüre,
1 EL Sonnenblumenkerne,
1 EL Puderzucker,
etwas Kirschsirup,
Puderzucker zum Bestäuben,
dunkle Kuvertüre

So wird's gemacht:

✰ Blätterteig nach Anweisung auftauen. Alle Plätzchen werden auf ein mit Backtrennpapier ausgelegtes Backblech gelegt und bei 200 °C (Gas Stufe 3) 20 Minuten gebacken.

Apfelschnecken
✰ Apfel schälen, sehr fein würfeln. Pinienkerne rösten, mit Apfel und Zimt mischen. 3 Blätterteigscheiben überlappend übereinanderlegen, mit Apfelkraut bestreichen, die Mischung darauf verteilen. Teig von der breiten Seite aufrollen, in 1 cm breite Scheiben schneiden. Mit Eigelb bestreichen.

Kernige Hörnchen
✰ Alle Zutaten bis auf das Eigelb verkneten. 4 Blätterteigscheiben vierteln, mit der Mischung füllen. Quadrate von der Ecke her zu Hörnchen aufrollen. Mit Eigelb bestreichen.

Liebenschleifen
✰ Die restlichen Scheiben in 3 cm breite Streifen schneiden, zum Knoten verschlingen. Mit Eigelb bestreichen. Alles backen, dann mit erhitzter Kuvertüre, Aprikosenmarmelade oder Kirschguß verzieren.

21. Dezember

O du fröhliche

O du fröhliche, o du selige,
gnadenbringende Weihnachtszeit!
Christ ist erschienen,
uns zu versühnen,
freue, freue dich, o Christenheit!

O du fröhliche, o du selige,
gnadenbringende Weihnachtszeit!
Himmlische Heere
jauchzen dir Ehre,
freue, freue dich, o Christenheit!

22. Dezember

Markt und Straßen steh'n verlassen,
Still erleuchtet jedes Haus,
Sinnend geh' ich durch die Gassen,
Alles sieht so festlich aus.

An den Fenstern haben Frauen
Buntes Spielzeug fromm geschmückt,
Tausend Kindlein steh'n und schauen,
Sind so wunderstill beglückt.

Und ich wand're aus den Mauern,
Bis hinaus ins freie Feld,
Hehres Glänzen, heil'ges Schauern!
Wie so weit und still die Welt!

Sterne hoch die Kreise schlingen,
Aus des Schnees Einsamkeit
Steigt's wie wunderbares Singen,
O du gnadenreiche Zeit!

Joseph von Eichendorff

22. Dezember

Prächtig in Rot und Gold

Es darf wieder richtig prunkvoll zugehen: Schmücken Sie Ihren Weihnachtsbaum üppig mit Kugeln, Glocken, Sternen, Perlenketten und Schleifen, und er wird eine wahre Zierde!

✭ Besonders gut kommt solch ein prächtiger Baum natürlich vor dem entsprechenden Hintergrund zur Geltung. Dünne Glanzstoffe gibt es in allen guten Stoffgeschäften, garantiert aber beim Karnevalsbedarf. Und der kommt in der Regel in der Vorweihnachtszeit in die Stoffabteilungen. Sie benötigen Stoff in Raumhöhe plus etwa 50 cm. Die Breite richtet sich nach der Wand: Rechnen Sie zur ausgemessenen Breite nochmals die Hälfte dazu. Vermutlich benötigen Sie zwei Stoffbahnen.

✭ Beim Aufhängen des Tuchs sollte Ihnen jemand zur Hand gehen. Die Mitte des Tuchs etwas zusammenraffen, so daß eine große Falte entsteht, und den Stoff beidseitig dieser mit Reißwecken oder einem Tacker an der Wand fixieren. Legen Sie nun oben eine weitere Falte, die schräg nach unten verläuft – hier legt Ihre Hilfe Hand an –, und befestigen Sie den Stoff dahinter. In dieser Weise zuerst die eine, dann die andere Seite aufhängen. Die Unterkante der Stoffbahnen schlagen Sie zum Schluß nach innen; dann ziehen Sie alle Falten nochmals zurecht und stellen den Weihnachtsbaum davor auf.

Material:

Die erforderliche Anzahl hängt von der Größe des Baumes ab. Kugeln mit 6 und 10 cm und Glocken mit 6 cm Durchmesser, jeweils 6teiliger Kugelbehang mit 6 und 7 cm, Glockenbehang mit 8 cm und Behangsortiment „Diamant", Folien-Fächer mit 9,5 cm, Folien-Röllchen mit 12 cm, Folien-Sterne mit 8,5 cm (gibt's im 2er-Set), Perlenketten (2,70 m lang), Folien-Sterne mit 8,5 cm (4er-Set) sowie für die Spitze eine Folien-Schleife mit 20 cm

So wird's gemacht:

✭ Steigen Sie als erstes auf die Leiter, und befestigen Sie Ihre Schleife an der Baumspitze. Danach wird geschmückt: Bringen Sie zunächst kleine rote Kugeln an, die Sie vereinzelt und in Gruppen aufhängen. Dann kleine goldene Kugeln sowie Glocken im Baum verteilen. Große Kugeln vereinzelt dazwischen anbringen. Den Baum mit den übrigen Accessoires bis auf die Perlenketten reichlich schmücken. Hier wird mal ausnahmsweise nach dem Motto „Je mehr, desto besser" verfahren.

✭ Gehen Sie während des Schmückens immer mal wieder ein Stück zurück, und betrachten Sie Ihren Weihnachtsbaum mit etwas Abstand. So können Sie am besten die Gesamtwirkung beurteilen. Lücken füllen Sie mit Fächern, Röllchen oder kleinen Kugeln.

✭ Sind Sie mit Ihrer Arbeit zufrieden? Dann geht es weiter. Ist alles verteilt und arrangiert, hängen Sie die Perlenketten nacheinander in den Baum. Wer

Prächtig in Rot und Gold

möchte, bringt zuvor noch Kerzen – echte oder eine Kerzenkette – an. Besehen Sie sich auch jetzt Ihre Arbeit aus zwei Meter Entfernung. Sicherlich muß noch das eine oder andere korrigiert werden – am einfachsten mit ein paar Accessoires, die bisher noch keinen geeigneten Platz hatten.

22. Dezember

Wirkungsvoll verpackt

Material:

Spanschachteln in Rund und Oval,
Engel-Oblaten (Glanzbilder),
Klebesterne,
Bastelfarbe oder
umweltfreundicher Bastellack
zum Sprühen in Weiß,
goldene und silberne
schmale Borten
(Kurzwarenabteilung),
Alleskleber;
Goldfolie, Klebestreifen oder Klebstoff

So wird's gemacht:

✯ Die Spanschachteln weiß grundieren und gut trocknen lassen. Wer Bastelfarbe gewählt hat und trotzdem Glanz möchte, überzieht sie mit Klarlack.

✯ Kleben Sie die Borte um den Deckelrand. Den Kleber abtrocknen lassen, bevor Sie weiterarbeiten, da die Bordüre sonst verrutscht. Oblaten und Sternchen mit einem Tupfen Klebstoff gemäß dem Foto oder eigenen Vorstellungen aufsetzen.

✯ Für die goldenen Geschenke auf der linke Seite schlagen Sie Ihr Präsent in Goldfolie ein. Für Fächer und Rosette je einen 20–30 cm und 60–90 cm langen Folienstreifen zuschneiden. Die Größe richtet sich nach dem Päckchen. Legen Sie jeden Streifen in 1,5–2 cm breite Ziehharmonikafalten. Eine Schmalkante des Streifens an der Seite des Päckchens festkleben, den Fächer aufziehen und die zweite Schmalkante ebenfalls fixieren. Einen Kreiszuschnitt auf die Fächer- und Rosettenmitte kleben und diese so kaschieren.

✯ Wer bei Goldfolie mit Klebstoff arbeitet, sollte diesen sehr sparsam verwenden, da die meisten Klebstoffe die Beschichtung auflösen und Flecken hinterlassen.

22. Dezember

Weihnachtsbäumchen

Für den Teig:
500 g Mehl, 250 g Butter,
200 g Zucker, 2 Eier, 1 EL Rum oder
1 Päckchen Vanillezucker,
1 unbehandelte Zitrone,
1 Messerspitze gemahlener Zimt
Für die Glasur:
250 g Puderzucker,
1 Eiweiß, etwas Wasser, Zuckerperlen,
eventuell 100 g Marzipan-Rohmasse,
Speisefarben

So wird's gemacht:

☆ Alle Zutaten in eine Schüssel geben und zu einem glatten Teig verkneten. Diesen in Frischhaltefolie wickeln und 1–2 Stunden kalt stellen. Aus dünner Pappe Schablonen für 5 vierzackige Sterne ausschneiden: 1 Stern 20 cm von Zackenspitze zu Zackenspitze, 1 Stern 16 cm, 1 Stern 12 cm, 1 Stern 8 cm und 1 Stern 4 cm. Den Teig 3/4 cm dick ausrollen. Nun die Schablonen auflegen und 2 Sterne je Größe pro Bäumchen aus dem Teig schneiden. Für die Spitze einen kleinen Stern mit einem Förmchen ausstechen.

☆ Zum Zusammensetzen des Bäumchens kleine Kreise mit einem Durchmesser von 5 cm ausstechen, hierfür den Teig dünner ausrollen. Alle Teile auf ein mit Backtrennpapier ausgelegtes Backblech legen und im vorgeheizten Backofen bei 200 bis 225 °C (Gas Stufe 3–4) hellgelb backen. Vorsichtig vom Blech lösen und gut auskühlen lassen. Einen Guß aus Puderzucker, Eiweiß und wenig Wasser anrühren. Der Guß muß sehr zähflüssig sein. Ein Drittel vom Guß abnehmen, den Rest mit Speisefarbe grün einfärben. Die Sterne damit bepinseln und den Guß trocknen lassen.

☆ Nun jeweils die beiden größten Sterne mit einem runden Plätzchen als Zwischenraum (Baumstamm) mit den Zacken verschoben mit Guß übereinanderkleben, die nächstkleineren jeweils darüber mit einem Plätzchen als Zwischenraum, um Abstand zwischen den Zweigen zu halten. Als Abschluß oben in die Mitte das kleine Sternchen kleben. Nun mit dem weißen Zuckerguß die Ränder der einzelnen Etagen so dekorieren, als ob eine Schneeschicht mit Eiszapfen darauf liegt.

☆ Die Marzipan-Rohmasse bis auf einen Rest mit Speisefarbe rot einfärben und kleine Kerzen daraus formen. Den winzigen Rest gelb färben und die Flammen formen, diese auf die Kerzen kleben. Alle Kerzchen mit Guß auf den Baum setzen.

☆ Das Bäumchen eventuell noch mit Zuckerperlen in Silber oder Bunt verzieren. Dafür einen kleinen Rest weißen Guß übrig lassen, der jedoch nur sehr fein mit einem Pinsel auf die Kugeln getupft werden sollte, damit er beim Aufkleben nicht darunter hervorquillt.

TIP: Das hübsche gebackene Bäumchen können auch größere Kinder mit etwas Hilfe ihrer Eltern problemlos herstellen. Es eignet sich gut als Geschenk für die Großeltern, eine Patentante oder andere liebe Leute, denn auch große Menschen wissen ein für sie gebackenes Geschenk zu schätzen. Mit fertiger, sehr feiner Zuckerschrift kann man einen Weihnachtswunsch auf die einzelnen Zacken schreiben, dann wird's noch persönlicher.

☆ Doch auch wenn Sie das Bäumchen „nur" für sich backen, werden Sie bestimmt Ihre Freude daran haben. Backen Sie gleich zwei, stellen Sie sie an den Schmalseiten einer Konsole auf mit ein paar Kerzen in den Weihnachtsfarben Rot und Grün dazwischen – fertig ist die perfekte Dekoration!

Weihnachtsbäumchen

22. Dezember

Stille Nacht, heilige Nacht

Stille Nacht, heilige Nacht!
Hirten erst kundgemacht,
durch der Engel Halleluja
tönt es laut von fern und nah:
Christ der Retter ist da!

❄

Stille Nacht, heilige Nacht!
Gottes Sohn, o wie lacht
Lieb' aus deinem göttlichen Mund,
da uns schlägt die rettende Stund',
Christ, in deiner Geburt!

23. Dezember

Denkt doch, was Einfalt ist!

Denkt doch, was Einfalt ist!
Seht doch, was Einfalt kann!
Die Hirten schauen Gott
am allerersten an.

Der sieht Gott nimmermehr,
nicht dort noch hier auf Erden,
der nicht ganz inniglich
begehrt, ein Hirt zu werden.

Angelus Silesius

Ein Hauch Nostalgie

Wer erinnert sich nicht an die Stunden, wenn es draußen dämmerte und die Familie am Tisch Strohsterne bastelte. Lassen Sie diesen Traum von früher wieder lebendig werden, und schmücken Sie Ihren Baum mit Strohsternen und Holzfiguren. Kinder können sich an solchen Bäumen gar nicht sattsehen und entdecken ständig neue Miniatur-Figuren, während die Erwachsenen in der Erinnerung an die eigene Kindheit versinken – und nach und nach die Kinder an ihrer Vergangenheit ein bißchen teilhaben lassen. Da werden sogar Teenager hellhörig.

✮ Weihnachtsbäume stehen oft in einer Zimmerecke. Damit Ihr Baum auch dann zur Geltung kommt, wenn die Kerzen nicht leuchten, plazieren Sie einen Strahler hinter dem Baum. Er sollte auf den Baum sowie schräg nach oben ausgerichtet sein und eine Birne mit geringer Wattzahl haben. Ganz wichtig: Lassen Sie Ihrem Weihnachtsbaum „Luft", und drängen Sie ihn nicht allzusehr in die Ecke. Schließlich ist er nun für zwei, drei Wochen der Blickpunkt Ihres Wohnzimmers.

✮ Perfektionisten bedauern vielleicht, wenn die Zimmerwand schlicht weiß ist. Dem kann abgeholfen werden: Tackern Sie eine rote Stoffbahn oben an der Wand fest. Dekotacker hinterlassen nur Mini-Löcher, die später kaum noch auffallen, wenn Sie sie vorsichtig mit einem Heftklammer-Entferner herausziehen.

Material:

Auf Kugeln wurde hier ganz verzichtet. Wer aber noch ein paar kleine rote, möglichst glänzende Baumkugeln aus den letzten Jahren hat, kann diese statt der Äpfel aufhängen. Strohsterne (6er-Set), Strohsterne mit roter Schleife (9er-Set), Spielzeug-Miniaturen aus Stroh mit etwa 8 cm, farbiger Holz-Baumbehang mit 9 cm, Holz-Gardisten mit 6,5 cm (4er-Schachtel), Behang-Äpfel mit 5,5 cm (6er-Schachtel), Stroh-Baumspitze mit 30 cm, Kerzenhalter und goldene Kerzen. Die Anzahl der erforderlichen Sets richtet sich nach der Baumgröße. Alle hier verwendeten Artikel gibt es in Kaufhäusern und Drogerien (von Brauns-Heitmann)

So wird's gemacht:

✮ Nachdem Ihr Baum den endgültigen Standort hat, setzen Sie den großen Strohstern auf die Spitze. Beginnen Sie mit dem Verteilen der kleineren Strohsterne, einiger Äpfel und Figuren. Aber nicht alles im Baum befestigen, sondern einen Teil zurückbehalten!

✮ Nachdem Sie Kerzenhalter und Kerzen angebracht haben, betrachten Sie den Weihnachtsbaum aus ein paar Schritten Entfernung. Lücken werden mit den verbliebenen Teilen gefüllt; Strohsterne brauchen nicht immer festgebunden zu werden. Einstecken geht oft viel einfacher und ist ebenso haltbar.

✮ Begutachten Sie den fertig geschmückten Baum aus der Distanz. Stehen alle Kerzen nach einer Stunde noch senkrecht?

✮ Lassen Sie Kerzen niemals unbeaufsichtigt brennen. Mit dem Auspusten unten beginnen.

23. Dezember

Ein Festtagstraum

Goldenes Licht, königliches Rot und Blau, ein besonderes Geschirr und schimmernde Gläser verleihen jedem Festessen das richtige Ambiente und einen wunderbaren Glanz. Die Dekoration dieses Tischs ist leichter nachzumachen, als Sie denken.

Material:

1 runde Tischdecke in Blau
mit roten Weihnachtssternen,
Servietten mit demselben Motiv,
2 Vliesdecken in Rot,
Goldkordel in mehreren Docken
und Ausführungen,
Weihnachtsanhänger
in Gold (Schlüssel,
vergoldete Blätter,
Päckchen und Ähnliches),
Schleifenband in Gold und 5 cm breit,
2 m Baumwollstoff in einem
zur Decke passenden Rot
und 90 cm breit,
Schere, 4 Kerzen in Blau
mit goldenen Sternen,
8 Engelchen in Gold und 5cm hoch,
4 schlichte Kerzenleuchter
in Gold und 10 cm hoch,
Weihnachtsgrün,
Goldmetallitze

So wird's gemacht:

✩ Zuerst die blaue Decke glatt auf den Tisch legen. Dann die beiden Vliesdecken jeweils der Breite nach auf etwa 20 cm zusammenraffen und überkreuz auf den Tisch legen. Den Treffpunkt in der Mitte mit einem Gesteck aus Weihnachtsanhänger, Goldband und Goldkordel dekorieren. Es darf ruhig etwas üppiger sein (siehe Detailfoto).

✩ Nun den roten Baumwollstoff in 4 gleiche Teile schneiden, diese jeweils zur Hälfte umschlagen und mit Goldlitze so zusammenraffen, daß ein halber Pompon entsteht.

✩ Vier Schleifen aus Goldgeschenkband binden und unterhalb des Pompons befestigen. Unterschiedlich lange Stücke Goldkordel abschneiden und unter den Schleifen befestigen. Diese 4 Stoffgestecke jeweils mit Goldkordel so auf den 4 Stükken des roten Vlieses festbinden, daß sie genau auf der Tischkante sitzen. Alles zurechtzupfen.

✩ Nun den Tisch mit Festtagsgeschirr, passendem Besteck und entsprechenden Gläsern decken. Pro Gedeck eine Serviette zum Quadrat falten, dieses an der Innenspitze fassen und einmal locker ausschlagen.

✩ Dann die Spitze mit einer Kordelschleife versehen und die Serviette zu einer Art Blüte auseinanderzupfen. Mittig auf die Teller legen. Die Kerzen in die Leuchter stellen und diese mit einem kleinen Arrangement aus Weihnachtsgrün und -anhängern dekorieren. Zusammen mit den Engelchen auf dem Tisch verteilen. Zum Schluß die Goldmetallitze auseinanderzupfen und großzügig über die roten Vliesschals und das Mittelgesteck verteilen.

Ein Festtagstraum

23. Dezember

Sterntalertorte

Für den Biskuitteig 4 Eiweiß, 1 Prise Salz, 100 g Zucker, 100 g Butter, 4 Eigelb, je 1 Prise Nelken-, Muskatnuß-, Zimt-, Anispulver, Vanillegranulat, 100 g Zartbitter-Kuvertüre, 100 g Mehl, 50 g gemahlene Mandeln, 1 gehäufter TL Backpulver; *für den Mürbeteig* 100 g Mehl, 1 Prise Salz, 30 g Zucker, 50 g Butter, 1 Eigelb, 1 EL saure Sahne; *für die Buttercreme* 1/2 Päckchen Vanille-Puddingpulver, 30 g Zucker, 1 Eigelb, 1/4 l Milch, 150 g Butter, 30 g Puderzucker; *zum Verzieren* 100 g Marzipan-Rohmasse, 1 Prise Salz, 30 g Puderzucker, 200 g Aprikosenmarmelade, 3–4 cl Aprikosenlikör, 300 g Zartbitter-Kuvertüre; *für die Form* Margarine zum Einfetten, 30 g gemahlene Mandeln

So wird's gemacht:

☆ Die Springform (Durchmesser 24 cm) gut einfetten und mit den Mandeln bestreuen.

☆ Für den Biskuitteig die Eiweiß und 1 Prise Salz mit einem Handrührgerät sehr steif schlagen. 50 g Zucker unter weiterem Rühren einrieseln lassen und so lange weiterschlagen, bis sich der Zucker aufgelöst hat. Weiche Butter mit dem restlichen Zucker und den Eigelb schaumig schlagen. Gewürze und die nach Anweisung geschmolzene Kuvertüre unterrühren. Eischnee, Mehl, Mandeln und Backpulver unterheben. Den Teig in die Form füllen und bei 180 °C (Gas Stufe 2–3) 35–40 Minuten backen. Aus der Form nehmen und auskühlen lassen.

☆ Für den Mürbeteig alle Zutaten rasch zu einem glatten Teig verkneten. Mit etwas Mehl dünn ausrollen und in die erneut gefettete Springform geben. Mit einer Gabel mehrmals einstechen und bei 200 °C (Gas Stufe 3) 15 Minuten hellbraun backen. Aus der Form nehmen und auskühlen lassen.

☆ Für die Buttercreme inzwischen Puddingpulver mit Zucker, Eigelb und 5 EL kalter Milch verrühren. Restliche Milch zum Kochen bringen und Puddingpulver einrühren. Einmal aufkochen, dann unter gelegentlichem Rühren abkühlen lassen. Nun die weiche Butter mit Salz und Puderzucker schaumig rühren. Pudding löffelweise unter die Buttermasse schlagen. Als Vorbereitung zum Verzieren Marmelade mit dem Likör verrühren und erhitzen.

☆ Den Biskuitboden zweimal waagerecht durchschneiden. Die Biskuit- und den Mürbeteigboden mit der Aprikosenmarmelade bestreichen und auskühlen lassen. Die untere Hälfte des Biskuits mit der Buttercreme bestreichen, die oberen Böden daraufsetzen, die Torte kühlstellen.

☆ Zum Verzieren die Marzipan-Rohmasse auf einer mit Puderzucker bestäubten Arbeitsfläche sehr dünn ausrollen und Sterne in beliebiger Größe ausstechen. Die Kuvertüre nach Anweisung im Wasserbad schmelzen. Die Torte mit der restlichen Marmelade bepinseln. Mit der Kuvertüre überziehen und leicht antrocknen lassen. Die Tortenoberfläche mit den Marzipansternen verzieren, die Kuvertüre vollkommen trocken werden lassen und alles hauchdünn mit gesiebtem Puderzucker bestäuben.

TIP: Damit Sie den Biskuitboden wirklich gleichmäßig durchschneiden können, verwenden Sie einen Zwirnsfaden. Faden mit doppeltem Tortendurchmesser zuschneiden, fest in beide Hände nehmen, an der gewünschten Stelle am Biskuitrand ansetzen und gleichmäßig fest auf sich zu und zusammenziehen. Vorgang nochmals wiederholen.

23. Dezember

Gebet eines kleinen Knaben an den Heiligen Christ

Oh lieber heil'ger frommer Christ,
der für uns Kinder kommen ist,
damit wir sollen weiß und rein
und rechte Kinder Gottes sein,

du Licht, vom lieben Gott gesandt
in unser dunkles Erdenland,
du Himmelskind und Himmelsschein,
damit wir sollen himmlisch sein:

Du lieber heil'ger frommer Christ,
weil heute dein Geburtstag ist,
drum ist auf Erden weit und breit
bei allen Kindern frohe Zeit.

O segne mich! Ich bin noch klein,
o mache mir den Busen rein!
O bade mir die Seele hell
in deinem reichen Himmelsquell!

Daß ich wie Engel Gottes sei
in Demut und in Liebe treu,
daß ich dein bleibe für und für,
du heil'ger Christ, das schenke mir.

Ernst Moritz Arndt

24. Dezember

Die Weihnachtsgeschichte

Es begab sich aber zu der Zeit, daß ein Gebot von dem Kaiser Augustus ausging, daß alle Welt geschätzt würde.
Und diese Schätzung war die allererste und geschah zur Zeit, da Quirinius Statthalter in Syrien war.
Und jedermann ging, daß er sich schätzen ließe, ein jeder in seine Stadt.
Da machte sich auf auch Josef aus Galiläa, aus der Stadt Nazareth, in das jüdische Land zur Stadt Davids, die da heißt Betlehem, weil er aus dem Hause und Geschlechte Davids war, damit er sich schätzen ließe mit Maria, seinem vertrauten Weibe; die war schwanger. Und als sie dort waren, kam die Zeit, daß sie gebären sollte.
Und sie gebar ihren ersten Sohn und wickelte ihn in Windeln und legte ihn in eine Krippe; denn sie hatten sonst keinen Raum in der Herberge.
Und es waren Hirten in der derselben Gegend auf dem Felde bei den Hürden, die hüteten des Nachts ihre Herde.
Und der Engel des Herrn trat zu ihnen, und die Klarheit des Herrn leuchtete um sie; und sie fürchteten sich sehr.
Und der Engel sprach zu ihnen: Fürchtet euch nicht! Siehe, ich verkündige euch große Freude, die allem Volke widerfahren wird; denn euch ist heute der Heiland geboren, welcher ist Christus, der Herr, in der Stadt Davids.

Fortsetzung Seite 202

24. Dezember

Kühle Harmonie in Blau und Silber

Fast wie aus dem Reich der Schneekönigin wirkt dieser Weihnachtsbaum in kühlem Blau und Silber. Betont wird die Wirkung durch die dunkelblaue Glanzfolie sowie den eisblauen Stoff an der Wand, der festgetackert wurde (siehe auch Seite 189).

★ Mit etwas Phantasie erscheint der Baumschmuck aus dem letzten Jahr in völlig neuem Glanz – ohne allzu großen finanziellen Aufwand. Wählen Sie eine Kontrastfarbe zu Ihren Kugeln. An Accessoires erwerben Sie lediglich Kleinteile wie Figuren oder Glöckchen, eventuell noch ein oder zwei Kugelsortimente. Rosetten aus Glanzfolie in Blau oder Silber können Sie ganz einfach selbst herstellen (siehe Seite 12 und Seite 174). Faltsterne aus Glanzfolie oder Folien-Geschenkpapier sind eine tolle Ergänzung, und das Ausschneiden macht Kindern viel Spaß.

★ Wer es etwas verspielter mag, dekoriert mit Schleifen: 60 cm glänzendes breites Schleifenband mit einer festen (Draht-)Kante zur Schleife legen und mittig mit schmalem Bändchen binden. Hierfür eignet sich Glanzkordel, die es auf Rollen gibt. Blaue Schleifen wirken mit Silberkordel sehr schön. Die Schleifen werden mit den Enden der Kordel am Baum festgebunden. Auch die Kugeln mit Schleifenband befestigen: Ein schmaleres Band durch die Öse ziehen und die Enden so verknoten, daß eine weite Schlaufe entsteht, die über die Zweige gezogen werden kann.

Ein farblich passendes Tuch unter dem Baum sieht nicht nur schön aus, sondern es schützt auch den Boden vor Wachstropfen.

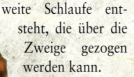

Material:

Kugeln und Glocken mit 6 und 10 cm Durchmesser, Kugelbehang, Glockenbehang, Behangsortimente sowie silberne Weihnachtssterne (6er-Sets), Folien-Fächer mit 9,5 cm und -Röllchen mit 12 cm (2er-Sets), Folien-Sterne mit 8,5 cm Durchmesser (4er-Sets), Baumbehang „Stiefel" mit 6 cm, Perlenketten, Folien-Schleife mit 20 cm für die Baumspitze, Kerzenhalter und silberne Kerzen. Die Anzahl der Einzelstücke und Sets richtet sich nach der Größe Ihres Weihnachtsbaumes

So wird's gemacht:

★ Bringen Sie die Schleife an der Baumspitze an, und verteilen Sie die Kugeln und Glocken nach Gefühl. Kleine Kugeln wirken in Gruppen sehr schön. Die übrigen Accessoires wie Fächer, Sterne und kleinere Behangteile im Baum befestigen. Behalten Sie einige Teile zurück. Jetzt ordnen Sie Ihre Kerzen im Baum an, dann treten Sie ein paar Schritte zurück, um eventuelle Lücken besser ausfindig zu machen. Diese füllen Sie mit den restlichen Dekorationsteilen.

★ Ist der Weihnachtsbaum geschmückt, gönnen Sie sich eine Pause. Nach ein oder zwei Stunden sieht manchmal alles anders aus: Dünne Zweige haben vielleicht unter der Last einer Kerze nachgegeben, direkt über einer Kerze befindet sich eine Kugel oder ein Fächer. Korrigieren Sie Ihr Arrangement jetzt entsprechend. Die Perlenketten hängen Sie zum Schluß lose über die Zweige.

24. Dezember

Möhrenessenz mit Eierstich

Für die Essenz: 750 g Möhren, 800 ml Gemüsefond, 1 TL Pimentkörner, 1 1/2 Zimtstangen, 1 Prise Salz
Für den Eierstich: 2 Eier, 1/8 l Milch, 75 g Allgäuer Bergkäse, Salz, Pfeffer, Butter für die Form

So wird's gemacht:

☆ Die Eier mit der Milch verquirlen, den Käse reiben. Diesen unter die Eiermilch heben und mit Salz und Pfeffer nach Geschmack würzen. Eine flache, backofenfeste Form ausbuttern und die Eierkäsemilch hineinfüllen. Form mit Alufolie verschließen. Die Form in ein weiteres backofenfestes Gefäß stellen. Dieses mit heißem (nicht kochendem!) Wasser füllen. In den kalten Backofen geben und den Käse-Eierstich bei 175 °C (Gas Stufe 2) in 30 Minuten stocken lassen.

☆ In der Zwischenzeit die Möhren schälen und waschen. Eine Möhre beiseite legen, die restlichen Möhren würfeln. Gemüsefond mit 1/4 l Wasser verdünnen. Die Möhrenwürfel zusammen mit den Pimentkörnern und Zimtstangen darin aufkochen und zugedeckt 20 Minuten bei sanfter Hitze ziehen lassen. Die beiseite gelegte Möhre zuerst längs in Scheiben, dann in Streifen („Julienne") schneiden. Käse-Eierstich stürzen und würfeln. Die Möhrenessenz durch ein Sieb in einen weiteren Topf gießen und mit Salz abschmecken, aufkochen.

☆ Die Möhren-Julienne und den Käse-Eierstich auf vier vorgewärmte Teller oder Suppentassen verteilen. Darauf die Möhrenessenz geben und sofort servieren.

Forellenfilets mit Sherry-Sahne

4 geräucherte Forellen (ca. 600 g); für die Sherry-Sahne 3 Blättchen Zitronenmelisse, 1/2 Bund Dill, 1 Becher Sahne (200 g), je 1/4 TL Salz und gemahlener weißer Pfeffer, 2 cl Sherry Fino, 3 TL Zitronensaft, Kopfsalat

So wird's gemacht:

☆ Geräucherte Forellenfilets gibt es in fast jedem Supermarkt. Noch besser schmecken selbstgeräucherte Forellen, insbesondere wenn Sie diese dann lauwarm servieren. Lassen Sie sich im Fachhandel erklären, wie es gemacht wird.

☆ Für die Sahne die Zitronenmelisse in feinste Streifen schneiden, die Dillspitzen mit der Schere abschneiden. Die Sahne mit Salz und Pfeffer nicht zu steif schlagen und unter die Sahne die Kräuter, den Sherry und den Zitronensaft rühren. Eventuell noch etwas nachwürzen.

☆ Den Salat zerpflücken, kalt abbrausen und gut ausschütteln oder in eine Salatschleuder geben. Die hellen Salatblätter auf einen Teller legen und darauf die Forellen anrichten. Mit Dillzweig oder Zitronenmelisse garnieren.

☆ Die Sherry-Sahne in einen Spritzbeutel mit gezackter Tülle füllen und an ein Ende der Forellenfilets spritzen. Mit einem Melissenzweig garnieren.

TIP: Sicherlich regt es noch mehr den Appetit an, wenn Sie alles nicht auf einem Teller servieren, sondern für jeden Gast einen eigenen Teller vorbereiten. Verfahren Sie dabei wie oben beschrieben; dann pro Person ein Forellenfilet auf den Teller geben und mit Sahne verzieren.

24. Dezember

Rinderbraten mit Maronen

*****

800 g Rindfleisch aus der Keule,
Salz, Pfeffer,
1 TL getrockneter Thymian,
50 g Butterschmalz, 300 g Zwiebeln,
1/4 l Rotwein, 1/4 l Fleischbrühe,
250 g geputzte Maronen, 250 g Möhren,
2 EL Crème fraîche,
1 EL Johannisbeergelee

*****

So wird's gemacht:

✯ Das Fleisch mit Salz, Pfeffer und Thymian einreiben. Die Zwiebeln abziehen und fein würfeln. Nun das Fleisch rundherum in heißem Butterschmalz anbraten. Zwiebeln zum Fleisch geben und mitbraten. Alles mit dem Rotwein und der Brühe ablöschen. Den Topf zudecken und das Fleisch etwa 2 Stunden bei kleiner Hitze schmoren.

✯ Die Maronen an der Spitze kreuzweise einschneiden und im Backofen 15 Minuten bei 250 °C rösten. Schalen ablösen. Möhren waschen, putzen und in Scheiben schneiden. Maronen und Möhren 30 Minuten vor Ende der Garzeit zum Fleisch geben und mitschmoren. Das Fleisch aus dem Topf nehmen. Die Sauce mit Crème fraîche und dem Johannisbeergelee abschmecken. Zum Schluß das Fleisch aufschneiden und mit der Sauce anrichten.

✯ Dazu passen gut Kartoffelkroketten.

TIP: Wem das Zubereiten von frischen Maronen zu aufwendig ist, kann auch welche aus der Dose verwenden. Diese müssen erst 5 Minuten vor Ende der Garzeit in den Fleischtopf gegeben werden. Auf keinen Fall länger mitgaren, da sie sonst zerfallen!

Apfelschneegestöber

✱✱✱✱✱

7 Äpfel (z. B. Cox Orange), 5 EL Zucker,
2 EL Williams-Christ-Likör,
abgeriebene Schale von 1 unbehandelten
Zitrone, 60 ml Apfelsaft,
4 Eiweiß, 1 Päckchen
Vanillezucker, 30 g Butter, 1 TL Zimt

✱✱✱✱✱

So wird's gemacht:

✱ Die Äpfel schälen, vierteln und das Kerngehäuse entfernen. Die Apfelstücke sehr grob raspeln. Mit Zucker, Williams-Christ-Likör, Zitronenschale und Apfelsaft vermischen. Die Eiweiß mit dem Vanillezucker zu sehr steifem Schnee schlagen. Eine flache runde Auflaufform oder 4 Portionsförmchen mit Butter einfetten.

Die Apfelmasse vorsichtig mit dem Eischnee mischen und in die Form bzw. die Förmchen füllen. Im vorgeheizten Backofen bei 120 °C (Gas Stufe 1–2) etwa 25 Minuten backen. Mit etwas Zimt überpudern und lauwarm servieren.

TIP: Das Schneegestöber können Sie auch sehr gut mit einem anderen Winterobst zubereiten. Bananen eignen sich beispielsweise hervorragend dazu. Ersetzen Sie die Äpfel durch zwei mittelgroße Bananen, den Williams Christ durch 2 EL Bananenlikör, den Apfel- durch Bananensaft. Dann die Bananen sehr fein pürieren oder mit einer Gabel zerdrücken. Die anderen Zutaten mit dem Bananenbrei mischen. Da dieser recht schwer ist, den Eischnee löffelweise sehr vorsichtig unterheben. Je weniger der Eischnee zerdrückt wird, desto lockerer geht das Dessert auf.

24. Dezember

Die Weihnachtsgeschichte
Fortsetzung von Seite 195

Und das habt zum Zeichen: Ihr werdet finden das Kind in Windeln gewickelt und in einer Krippe liegen.

Und alsbald war da bei dem Engel die Menge der himmlischen Heerscharen, die lobten Gott und sprachen: Ehre sei Gott in der Höhe und Friede auf Erden bei den Menschen seines Wohlgefallens. Und als die Engel von ihnen gen Himmel fuhren, sprachen die Hirten untereinander: Laßt uns nun gehen nach Betlehem und die Geschichte sehen, die da geschehen ist, die uns der Herr kundgetan hat.

Und sie kamen eilend und fanden beide, Maria und Josef, dazu das Kind in der Krippe liegen.

Als sie es aber gesehen hatten, breiteten sie das Wort aus, das zu ihnen von diesem Kinde gesagt war.

Und alle, vor die es kam, wunderten sich über das, was ihnen die Hirten gesagt hatten. Maria aber behielt alle diese Worte und bewegte sie in ihrem Herzen. Und die Hirten kehrten wieder um, priesen und lobten Gott für alles, war sie gehört und gesehen hatten, wie denn zu ihnen gesagt war.

Lukas 2,1–20

Register

Dekoratives und Selbstgemachtes

Advent in Blau und Gold 61
Adventliches Stilleben 60
Adventskalender mit Päckchen 14
Adventskranz 21
Adventskranz im Glitzerlook 13
Adventsleuchter 69
Alles für die Puppenstube 30

Bärengesteck 68
Bärengruß für die Tür 84
Bärenstarker Adventskalender 23
Barocker Engel 141
Bäumchen mit Gold-Rosetten 13
Blaue Stunde 132
Bonbon-Glas für Naschkatzen 118

Dekorative Flaschen 102
Dekorierte Kissen 21
Der Nikolaus kommt 52
Der Weihnachtsbär ist da! 165
Duftkorb 148

Ein Festtagstraum 190
Ein Hauch Nostalgie 189
Extravagante Seidenkissen 71

Festliche Glanzdosen 92
Festlich geschmückt in Gold 68
Festtisch mit Apfeldekoration 156
Fröhliche Weihnachten … 101

Gemütliche Bescherung 22
Gesteck mit Bären 21

Gesteck mit Gießfiguren 45
Gestickte Eisblumen 166

Hier darf gesprayt werden 62
Himmlische Träume 70

In 24 Tagen ist Weihnachten … 14

Kasperle und Spielzeugkiste 63
Kerzenständer 21
Kissen wie aus 1001 Nacht 126
Klassisch in Grün und Rot 21
Kleines Gedeck mit Tischset 119
Kranz mit Päckchen 28
Kühle Harmonie in Blau und Silber 196

Liebevoll mit Figuren 53

Magic Christmas 93
Mit Päckchen und Früchten 28
Modellierte Kunstwerke 78

Niedliche Himmelsboten 100

Prächtig in Rot und Gold 180

Rüschen und Spitzen 46

Schmucke Türkränze 85
Schneemänner überall 77
Schön eingewickelt 174
Spieluhr zum Träumen 143
Sportbeutel für Kinder 150
Sternstunden für den Tisch 173

Register

*T*annenbäume aus Stoff 142
Teelicht-Dekorationen 76
Tisch und Kissen im Farbenrausch 94
Transparente Sterne 44
Traumhafte Bänder 38

*Ü*berall ein Glitzern und Leuchten 13

*W*eihnachtliche Fenster 36
Weihnachtliche Festtafel 108
Weihnachtliche Gießformen 140
Weihnachtliches Patchwork 124
Weihnachtsfrühstück 125
Weihnachtsstern mit Strauß 68
Wirkungsvoll verpackt 183

*Z*auberhafte Tischsets 116

Rezepte

*A*pfelschneegestöber 201

*B*ananen-Chutney 159
Bananen-Pistazien-Kuchen 158
Baumkuchengebäck 135
Braune Kuchen 24
Brownies 145
Brunsli 169
Bunter Plätzchenteller 16
Butterplätzchen 168
Butter- und Zitrusgebäck 33

*C*aramelfudge 87
Champignons provenzalische Art 111

*E*rdnuß-Ingwer-Cookies 112
Erdnuß-Snacks 144
Espresso-Herzen 134

*F*orellenfilets mit Sherry-Sahne 199

*G*efüllter Honigkuchen 81
Geschenke für Genießer 54
Großmutters Stollen 65

*H*aferflockenplätzchen 160
Hagebuttenpunsch 73
Happen für Kenner 56
Honigkuchen-Schloß 149

*I*ngwer-Rum-Hütchen 132

*K*ipferl und Kränze 96
Kleine Strudel 88
Kokos-Crisps 176
Kokosnuß-Stollen 80
Kokos-Orangen-Konfekt 120

*L*inzer Herzen 153

*M*adeleines 25
Möhrenessenz mit Eierstich 198

*N*ußhappen 160

*P*inien-Plätzchen 97
Porter-Cookies 152

*Q*uarkstollen 64

*R*inderbraten mit Maronen 200

*S*aucen für Pasta-Freunde 55
Schafskäse in Würzöl 110
Schokoladentrüffel 86
Schnitten und Brezeln 32
Schwedischer Teepunsch 72
Spitzbuben und Ingwerplätzchen 121
Sterntalertorte 193

Register

Weihnachtliches Dreierlei 177
  Weihnachtsapfeltorte 129
  Weihnachtsbäumchen 184
  Weihnachtsring 136
  Würziger Zimt-Kaffee 105

Zimtlikör 104
  Zimtplätzchen 49
  Zimtsterne 48
  Zitronenkränze 40
  Zitronensterne 41

Lieder, Gedichte und Geschichten

Advent, Advent 11
  Alle Jahre wieder 154
  Am Weihnachtsbaum 162

Bringt in Gang die Pyramide 18

Christkind im Walde 115
  Christkind vor dem Berliner Schloß 99

Das Weihnachtsbäumlein 155
  Denkt doch, was Einfalt ist! 187
  Der Traum 51
  Die Heilige Nacht 139
  Die Weihnachtsgeschichte 195

Ein Winterabend 27
  Erinnerung ans Christkind 67
  Es ist ein Ros' entsprungen 122
  Es ist schon Feierabend gewest 91
  Es kommt ein Schiff geladen 26
  Es war einmal eine Glocke 59

Gebet eines kleinen Knaben an den Heiligen Christ 194

Ich steh' an deiner Krippe hier 66
  Ich träumte in der Weihnachtsnacht 170
  Ihr Kinderlein kommet 130

Kinder, kommt und ratet 35
  Kindergebete 42
  Kling, Glöckchen, klingelingeling 58
  Knecht Ruprecht 75
  Kommet, ihr Hirten 82

Laßt uns froh und munter sein 50
  Leise rieselt der Schnee 34

Maria durch ein Dornwald ging 90
  Markt und Straßen steh'n verlassen 179

Niklas ist ein braver Mann 83
  Noch einmal ein Weihnachtsfest 171
  Noch ist der Herbst nicht ganz entflohn 19

O du fröhliche 178
  O schöne, herrliche Weihnachtszeit 123
  O Tannenbaum, o Tannenbaum 146

Rätsel 106

Stille Nacht, heilige Nacht 186
  Süßer die Glocken nie klingen 98

Vom Himmel hoch da komm ich her 114
  Vom Himmel in die tiefsten Klüfte 147
  Vor dem Christbaum 163

Weihnacht in den Bergen 107
  Weihnachtsfreuden 131
  Welch Geheimnis ist ein Kind 43